教育教養　BEP027

孩子只是卡住了

突破教養關卡，
就要看懂孩子、協助破關

王麗芳 Antonia Wang ──著

推薦文

教養卡卡的最佳解方

我認識麗芳已經好多年，她由一個急躁、緊張，又不知如何和孩子相處的媽媽，轉變成兩位孩子的良母與良伴（當然她會謙虛的否認），更成為可將自身經驗與他人分享的人。

這幾年來我們一直保持聯繫，我也知道麗芳為孩子的教育問題花了許多心血。她參加過不同的親子團體，也自組共遊、共學等團體。成為部落客的她更吸引不少粉絲，加入討論各種議題。過程可用砲聲隆隆、火花四射、嘔心瀝血、頭破血流……形容，總之戰況非常慘烈，然而她卻為孩子奮戰不懈。

接到麗芳來電，要我寫一篇序文，當我翻開書稿後，書中沒有教條式的說理，也沒有理論式的高空論談。字裡行間不斷的看到一位媽媽如何用心向孩子們學習，也會刻意營造機會，讓孩子透過實際的觀察或體驗，開拓他們看待人事物的角度和視野。

父母在孩子成長的過程中，要如何面對孩子隨時拋出來的各種狀況與問題，常常是一

波未平一波又起，上一波的漣漪會牽扯到下一波。上一個結未解開，下一個結又糾纏在一起，大多數父母以為孩子長大就會好，長大就會改變，然而，事實卻非如此。

麗芳體認到很多事情不是用說的就有用，孩子需要經過反覆的演練，當事情發生時才有應對的能力。其實大人也是如此，多少父母經常四處求助高人或閱讀教養書籍，只為能做好身為父母的職責，然而在實際面對孩子時，卻束手無策、任憑孩子擺佈。父母也需要事前演練，有專家或書上提供的良策，才不會陣前失去方向。

這本書其實也很有療癒效果，因為麗芳在與孩子的互動中，也瞭解到為什麼以前她的父母會那樣對待她，她在成長過程中又曾經受過哪些傷等等。如今，她不但能放下以前父母所造成的傷害，也能釋懷而加以修補。讀這本書，我自己都覺得受益匪淺。

麗芳曾對女兒說：「遇到事情，可以自己想辦法的人，人生是彩色的；凡事要別人想辦法，人生是黑白的。」看完這本書，各位讀者不妨好好思量一下，如何讓自己的人生變成彩色的。充滿色彩的人生，也充滿挑戰與歡笑。

——**吳玥玢，蒙特梭利理想園幼兒園負責人**

推薦文

育兒，也是育己

《孩子只是卡住了》是一本讓我在閱讀過程中頻頻點頭如搗蒜的書。

作者溫婉的文字，不僅分享自己與孩子互動過程中如何以「孩童視角」輔助「成人視角」、細膩且深刻地觀察孩子「卡在哪兒」，並進一步引導「爸媽可以這樣做」，來突破親子關係的關卡。更令我動容的是，她帶領我們這些父母與成人，內觀自己「在教養上的挫敗，如何引動我們的個人議題」。

從事青少年諮商工作與親職教育工作近二十年，我始終認為「在教養的過程，父母幼時的傷痛若經療癒，是孩子的福份。」就像作者在書裡所提到的，很多時候身為父母的我們，會在親子關係中不小心對孩子造成傷害，是因為我們也曾經這樣被對待。在我們對孩子的憤怒情緒裡，也許我們真正不滿的對象，是那個曾經被父母指責過，不夠完美、不夠好的自己。

「父母其實比孩子更容易受傷！話語如此傷人，我們都在傷痕累累中成長，然後再把同樣的話語傳給下一代。教養，就是這樣一代傳過一代。」作者如是說，這也是我在親職教育工作上，最深切的省思。

——**陳鴻彬，諮商心理師／資深輔導教師**

推薦文

媽咪讀者這樣說

我是在大寶約一歲八個月時，接觸到麗芳的部落格。在此之前，我因為大寶的睡眠不穩、講不聽、愛打人、一生氣就尖叫或亂丟東西等問題，煩惱許久，坊間熱銷各式各樣的親子教養書我都看過一輪，但不管用什麼方法，不管講幾遍，孩子還是講不聽、叫不動，我就會對小孩失控大吼大叫，內心自責不斷循環。

我一直找不到一個能讓孩子不委屈、自己不動氣，彼此都舒服自在的親子相處方式，直到我發現了麗芳的部落格，完全不同於一般親子作家的敘事方式和教養觀點，讓我如獲至寶，有種恍然大悟的感覺，原來孩子不是「講不聽」，而是「聽不懂」！

孩子想向父母求助，但是父母看不懂孩子的困難，不知如何從孩子的視野和角度去理解孩子遇到的關卡，不知如何用孩子可以理解的方式與孩子溝通，於是親子間的隔閡和埋怨就慢慢產生了。

麗芳的書跟一般教養書最大的不同，就是在於她從來不會告訴妳：「遇到××狀況，這樣做就對了！」因為每個孩子都是獨立的個體，每對親子的特質和狀況也不同，自然孩子的關卡也不會完全相同。

麗芳透過一個又一個的小故事，敘說她如何觀察並透過遊戲，幫助孩子破解成長的關卡。從麗芳的部落格到她的每本書，我都看過好幾遍，每看一遍就有不同的領悟和感動。學習看懂孩子並不是講不聽、不受教，而是孩子在某個地方「卡住了」，用彼此都不委屈的方式，對待自己摯愛的孩子。

麗芳寫的雖然是親子教養，但是觸角卻涵蓋了許多人際關係的思考，這是一般親子教養書顧及不到的深層面向。這幾年來，我從麗芳的文章和演講中，因為「自己被理解了」而長出力量，因為理解並看懂了自己和他人，進一步得到了如何處理的智慧。推薦給大家！

——CC媽媽，育有二子，分別為四歲和未滿月

第一次接觸麗芳老師的作品，是在網路上，好友分享了老師的部落格，我一看竟然有一種觸電的感覺，於是立刻將老師當年的著作《孩子教我看懂愛》買回家，沒想到，我讀著

讀著竟流下了眼淚……我的感動，來自於老師的真實。老師的書，內容並不催淚，但充滿力量。

在教養的路上，我讀過很多書，因為工作關係，我看過很多孩子，我想，如果每個父母都能看懂麗芳老師的書，理解「關注孩子、找出關卡、尋求方法」的觀念，那麼親子之間的衝突將會減少，痛苦的孩子和父母也會減少，感謝老師以往的分享，麗芳老師的新書《孩子只是卡住了》也誠心推薦給每個想看懂孩子的你。

——Joycelai，育有二子，分別為十一歲和七歲

從寶寶出生以來，在教養上遇到重重關卡，麗芳總能用最精準的觀察及分析，找出孩子卡住的點，再用獨到的策略一一破解。從她的書中，我找到自己帶孩子的盲點，我不再為孩子的狀況感到焦慮，而是茅塞頓開，懂得如何破關了。

——元寶媽，育有一子一女，分別為八歲、五歲

麗芳的文章，讓我學會「看懂孩子的困難，協助孩子找方法過關」才是孩子長出力量

與自信的關鍵，更讓我看見自己的盲點，跟孩子的關係從對峙變親密；也幫助我在面對家庭、工作與人生時，更有自信與快樂！

——Angela，育有一子，就讀小四

我，曾經就像是汪洋中的一艘浮船，在親子教養書海中跌跌撞撞，直到遇見麗芳的文章，猶如明亮直聳的燈塔，讓我有了安心的依靠。同樣的表現，事實上每個孩子都有不同的背後原因，麗芳不只深入探討，也懂得最後拉高視角俯視全局，告訴我問題在哪、如何形成，甚至看得更遠，預期影響有多大，要如何解決問題、如何幫助孩子和父母。真的很感謝麗芳！教養的路上有妳陪伴，我不孤單！

——Yingblue，育有三女，分別為七歲、五歲、六個月

孩子只是卡住了

突破教養關卡，
就要看懂孩子、協助破關

contents

PART2 情緒卡卡，哪裡有問題？

PART3 看懂孩子，也要教孩子看懂

part 1

行為卡卡，哪裡有問題？

孩子調皮搗蛋、上課不專心、欺負朋友、
學人說髒話……怎麼講都講不聽？
其實，你知道嗎？
孩子不是不聽話，而是聽不懂！
父母沒看清楚孩子卡住的點，
教養當然會卡關。

孩子不是講不聽，而是「聽不懂」

在三歲的孩子腦袋中，有沒有辦法理解「小心」、「危險！」、「懂」等等語彙所代表的概念？等到大人一手抓住孩子，一手打下去的時候，孩子懂不懂他為什麼被打？

大學畢業後，有幾年的時間，我在一個客家籍立法委員的辦公室工作，同事中什麼省籍的人才都有，有台語流利的秘書，有客語流利的助理，也有外省第三代的法務助理。

就像是不成文規定般，講什麼語言的選民來陳情，就會由擅長那一種語言的助理陪他們聊天。我可以用台語跟選民聊法律、聊婆媳關係、聊土地，但是一看到客家鄉親，一定央請客語流利的同事上場。

那樣的狀況很奇怪，明明大家都會說國語，可是只要同事跟鄉親的客語話匣子一打開，他們周邊就會環繞著一股親切的團聚氛圍，讓不懂客語的我怎麼也介入不了。

說同樣語言的人，就好像找到知音一樣，很好說話，也很能說話，再怎麼頑固的人，聽到共通的語言，整個人就會放鬆許多，變得很好溝通。

然而，在那樣的氛圍中，語言也常常造成誤會。

老闆是一個沒耐性的人，說過一次的話，很懶得說第二次，我記得有一次內線電話響起，我拿起電話之後，聽到委員在電話的另一頭說：「茶！」還沒等我回答，就掛斷電話，我馬上站起來要泡茶。

正待命中的客籍司機大哥，聽到有老闆的電話指示，就問：「老闆要出門了嗎？」我回答：「老闆要喝茶，他到底都喝什麼茶呀？」

聽到我這樣說，司機大哥馬上走進老闆的辦公室，問了一句話就走出來，然後彈了彈我的額頭說：「客家話說『ㄔㄚˊ』指的是車子，老闆要出門了，要備車。」說完便趕著出門開車。

這個經驗，不但讓我學會國語的「茶」，在客家話中指的是「車」，也讓我了解到，語言不通足以誤事，差點惹來一陣罵，真的是好險哪！

從零開始，建構孩子的認知

女兒剛剛出生的時候，我去參加台北市舉辦的「閱讀起步奏」，那是一個可以領繪本的親子共讀講座。那位講師分享了一件事，讓我留下非常深刻的印象。他說：「我剛剛進來會場的時候，看到一個媽媽抱著她的孩子，邊指著窗戶邊跟孩子說：『這是窗戶、這是窗戶、這是窗戶。』『窗—戶—』。這樣很棒，孩子就是這樣，一點一滴學會語言的。」

那一場講座中，我拿到兩本繪本，我才了解，原來初階的繪本就是這樣，單純的字句一直反覆出現。由於孩子腦中沒有具體的畫面，所以還要搭配大又突出的圖片，讓孩子在親子共讀的過程中，結合圖片、單字、語彙，慢慢學習累積，有一天才能真正懂得全部的意思。

那次的演講影響我很深，我開始去思考孩子腦中認知建構的問題。於是，在我要提醒孩子「斜坡小心騎車」之前，我會先用球和腳踏車，反覆的實驗給孩子看，讓孩子理解，原來看不出來有傾斜的地板，其實是有坡度的，而這個坡度會讓球滾得更快，也會讓腳踏車加速下滑。

我跟孩子說：「這就是斜坡！」孩子才有斜坡的概念，下一次喊：「小心斜坡！」孩子才懂我在說什麼。

孩子講不聽的真正原因

有很多媽媽常常來跟我抱怨，她的孩子「怎麼講都講不聽」，不像我的孩子這麼聽話；可是我想的是，孩子到底是講不聽，還是聽不懂？

兒子才剛剛會走的時候，我擔心他以後到馬路上，遇到危險不懂得反應，於是帶著他們在公園裡玩「走走走、停！」的遊戲，一邊走一邊說「走走走！」在喊停的時候，做出誇張的靜止動作。兒子一開始根本不知道我在做什麼，七歲的女兒卻玩得非常開心，兒子也慢慢地學著姊姊一起玩。

接著，我們改玩「快快的！」跟「慢慢的～」我們邊跑邊說：「快快的！快快的！」然後一喊「慢慢的～慢慢的～」腳步就要變慢。後來又衍生到「蹲下去」、「站起來」、「跑跑跑」、「走走走」，當孩子的大腦跟身體動作，能夠確實與指令連結起來，就代表孩子真的懂了這些語言代表的意思。

因此，兒子從會跑開始，只要他一開心往前跑，我們在後面喊「慢慢的」，甚至喊「停！」他都懂得我們在說什麼，自然就不會在馬路上橫衝直撞。

我常常看到很多大人，在小小孩往前亂跑的時候，大聲地在後面喊：「你這樣會被車撞到，很危險！」「要我講幾次你才懂呀！不准跑。」我便會想，在三歲孩子的腦袋中，他真的理解「被車撞到」、「危險」、「懂」這些語彙所代表的概念嗎？等到大人上前一手抓住孩子，另一手打下去的時候，孩子懂不懂他為什麼被打？

從遊戲中學習

兒子兩歲多的時候，我觀察到親子館中有人意圖搶他的玩具時，他會做出推的動作，回到家，我便跟他坐在床上，我喊「我推你！」然後輕推，讓他倒在床上。我又喊「我擠你。」就用身體去擠他；我喊「拉你！」時，就把他拉起來，兒子反覆玩著這些遊戲，玩得非常開心。那陣子我們常常玩這類遊戲，因此，當他來擠我的時候，我說「不要擠我，我不喜歡。」孩子就聽得懂我的話，也理解原來他正在擠我。

我利用跟孩子單獨相處的時間，用遊玩的氣氛，結合動作跟語言，**事先**讓孩子理解我說的話是什麼意思，而不是等到事情發生了，才用「孩子聽不懂的話」制止他。

當孩子正在保護自己的玩具時，眼睛只有玩具，不見得能夠意識到自己的動作，媽媽喊「不要推人！」時，如果孩子還無法理解「推人」的意思，當然無法制止他的動作。

父母以為在孩子打人的當下開口制止，孩子就會懂得「不可以打人」，事實上孩子根本沒意識到「這是打人」，只會記得「那個人搶我玩具，媽媽竟然還罵我」的委屈。

兩個孩子打架的時候，即使父母強力拉開彼此，孩子眼睛還是惡狠狠的盯著對方，根本不會意識到自己的動作，就好像殺人犯總會在落網後自白：「我發現那個男人伸手去摸我女友時，我就撲過去了，一直到他沒反應了，我才知道我正在打人，過一段時間才知道，我把人打死了。」孩子也是這樣，情緒來的時候，眼中只有他在意的目標，完全沒有攻擊的意識。

我會在孩子開始與朋友大量互動之前，結合孩子需要的語彙與動作，想盡辦法事先讓孩子理解這些意思，我不會在孩子腦中沒有畫面、心中沒有感覺的時候，硬講一堆道理，硬扯一堆「同理」。

理解後，才能真正溝通

我的孩子跟很多人的孩子一樣，會在半夜吵著不睡覺，要出去玩。兒子兩歲半的時候，有次夜晚醒來，堅持要老公帶他出去玩，被兒子磨到受不了的老公，只好叫醒原本已陪女兒入睡的我。我問兒子：「你要現在出去玩，對嗎？」兒子說對，我拉著他的小手說：「好！我們出去。」

我們走到門口，打開大門，門外是凌晨兩點的雨夜，我坐在門口的小椅子上說：「你看！天黑黑的，還是亮亮的？」

兒子看看說：「黑黑的。」

我繼續說：「對面的房子暗暗的？還是亮亮的？」

兒子回答：「暗暗的。」

我問：「為什麼都暗暗的？大家在做什麼呢？」

兒子說：「大家都在睡覺。」

我說：「我也想睡覺了！弟弟要睡覺？還是要自己出去玩？」

兒子看著外面一片漆黑，總算說：「弟弟要去睡覺了。」於是他拉著我的手，走進房間，人甘願了也累了，一躺下去就秒睡。我不像老公，一直反覆的說著：「外面暗了呀！不可以出去玩，不可以。」然後又因為孩子不聽話，而一肚子火。其實孩子不是不聽話，他是聽不懂，讓孩子真的理解我們的話，這樣才能夠真正的溝通。

年紀小的孩子，我這樣一步一步，建立我們共同的語言認知結構，面對年紀比較大的孩子時，也是一樣的道理。

我不跟女兒說：「妳就用功一點呀！」「讀書就是要努力呀！」「妳有沒有用腦袋呀？」「妳要合群呀！」這樣的話語我從小聽到大，好像也聽得理所當然，卻從來沒有去想過「用功」的定義是什麼？該怎麼衡量自己有沒有用功？該怎麼去看自己有沒有用腦袋？合群的定義又是什麼？該怎麼做？

一直到孩子入學後，我才知道孩子根本不懂這些話的意思，於是，我一個一個拆解，讓孩子懂得所謂的「用功」有哪些方法、所謂的「評量」又是為了什麼目的而存在，讓孩子了解什麼叫做「用腦袋想」、什麼叫做「練習」、怎樣才算是「努力」。

慢慢的，我一次一次的理解，親子之間卡住的不是講不聽，也不是無法溝通，而是「聽不懂」，孩子跟父母之間就好像一場異國戀，**我們總要找到共通的語言，才能完整傳達自己真正的意思，也才能夠互相傳達關心與愛。**

也因為陪伴過許多的孩子成長，我才理解，原來，在孩子們的成長之中，常常因為把「茶」當「車」，把「車」當「茶」的這種語言上的誤會，而備受責難。

親子溝通，一定要破解自己跟孩子間的語言障礙，第一步就從說孩子聽得懂的語言開始吧！

爸媽可以這樣做

* 下雨天孩子吵著要出去玩，就拉椅子陪孩子坐在門口，觀察什麼是下雨、椅子會不會濕、衣服會不會濕，帶出去的玩具是不是也會弄濕。
* 孩子需要圖像與語言結合，腦中要有畫面，孩子才懂得父母說話的意思，什麼是光線、動線、視線，什麼叫做「你擋到人了」，什麼叫「會壞掉」，語言跟圖像的連結越好，以後閱讀的理解也比較輕鬆。

孩子不是不專心，而是「身體不配合」

這世界上的專心，不是只有一種樣貌，讀書也不是只有一種方法；而不專心，只是問題的後果，不是問題的本身。不專心的孩子，不是不專心，而是有連自己都沒辦法發現的問題。

我坐在候診室，等待醫生叫號，看到診療室走出來一對老夫妻，那位很有氣質的太太，一走出來就幫先生找了個位置坐，溫柔的笑著跟先生說：「對不起啦！我還一直叫你要忍耐，原來你真的生病了，對不起！」一旁的小姐對他們微微一笑，三個人就攀談了起來。

原來，老夫妻每天都會一起去公園運動，練一種健身功，其中有一個招式，先生每次練都喊痛，太太心想每一個動作都有拉到筋，多多少少會有一些痠痛，怎麼先生就那麼不能忍？於是，她常常跟他說，不要那麼不能忍，忍一下，過了就不會痛了，練習的初期會這樣是正常的。

一個一同運動的朋友知道後，建議他們，既然每次都這樣，要不要找個醫生看一看。這一看他們才知道，老先生的骨頭早已經走位，他每次運動的痛，不是一般的痛，也不是那種忍過就會好的肌肉痠痛。

那美麗的太太像哄孩子一樣，一直跟先生道歉，也跟一旁的小姐講她對先生的抱歉，夫妻間相處的甜蜜，從言談中可以看得出來，讓我的心也覺得溫暖起來。

找出問題的癥結，才能對症下藥

女兒就讀台北市郊區一所很小的公立小學，因為班級人數少，每年的音樂表演，不用老師指派，也不需要自願，就是全班都要上台。

小二的下學期，孩子們就開始準備全班的合奏表演，有一天我接到一個母親的訊

息，讓我想起另一個孩子。可惜的是，這個孩子就讀的學校規模很大，平時沒有這種全班一起上台表演的機會，一直到了小五，要準備畢業演出的時候，他的母親才發現他的狀況。

團體的樂器演奏，需要大家互相配合，常常樂曲到某個節奏的時候，要打大鼓，再到某個節奏的時候，小鼓也要一起加入，有時候聽到大鼓的聲音，就要吹奏笛子了。而這個孩子的問題就是，常常在輪到他的時候，忘記打擊他的樂器。

他一忘記打擊，全樂團的同學就會停下來等他，每個人的眼光都往他射過來。這樣的畫面，讓孩子只要知道今天又要練習畢業演出，就喊肚子痛、頭痛，怎麼都不想去學校。

母親看到孩子的痛苦，知道原因後一直唸著：「你只要專心就好了！專心聽別人演奏，就知道什麼時候該你打擊了，你怎麼都不願意專心？」

聽到那孩子的母親這樣說，我想起我從小到大，也常常被母親唸：「怎麼讀書都不專心？」女兒進入學習階段的時候，我常常回想我的就學時期，除了爬樹之外，對上課的所有印象，盡是窗外的風景。讀小學的時候，看窗外的榕樹枝葉被風吹拂；讀中學的時候，看操場上正在練跑的田徑隊。我也曾是個無法專心的孩子。

我看了那孩子跟全班練習畢業演出的影片，問那位母親：「孩子在家有沒有哼唱過歌？」

她想了想說：「沒有！從小到大，我的孩子只聽古典樂，我家沒有任何兒童歌曲或卡通影片，我也沒聽他哼過歌。」

我請她一起看著影片，並且告訴她：「這個孩子腦中沒有音樂，所以他的肢體跟表情不會跟著樂團的演奏哼歌、打節拍。一般來說，孩子聽到音樂的時候，嘴巴會喃喃地跟著唱，或是會跟著節拍微微的點頭，而他卻完全沒有。他其實很緊張在等上一個樂器的『暗號』才打擊，可是因為他的耳朵和手不夠協調，聽到暗號後，需要一小段時間才能做出反應，導致錯過了時機。」

那天，我跟那位母親分享我跟女兒玩的遊戲，讓她回家跟孩子一起練習。

於是，從那一天開始，他們的家裡跟車上，多了可以朗朗上口跟著唱的歌曲，不管是五月天，還是八三夭，甚至是知名兒歌製作人謝欣芷的音樂專輯。母親常常放了歌，邊做家事，邊跟著唱跳，慢慢的，她聽到孩子洗澡的時候也開始唱歌了。

那一陣子，母親跟孩子常一起趴在桌子上，耳朵貼著桌面，母親用手指頭在桌面敲一段節奏，讓孩子跟著敲出同樣的節奏，母親跟孩子互相比賽誰的聽覺記憶厲害，玩得很開心。其實，這個遊戲有助訓練孩子耳朵聽覺跟手部動作之間的連結。

另一種遊戲，是由母親唸一段文章，如果唸到事先約定好的關鍵字，兄妹倆就必須去搶按鈴，看誰反應最快；也可以唱一首歌，唱到約定的某個音，孩子們就搶按鈴；還有拿蒼蠅拍玩拍字遊戲。

慢慢的，孩子越來越不怕去參加畢業演出的練習；慢慢的，孩子跟得上節拍了；慢慢的，孩子在練習的時候會點頭打拍子，也會跟著哼歌了。母親看到那一幕，內心欣慰無比。

更令她更開心的是，孩子的英文成績也進步了。

原來，她一直以為孩子就是不專心、不認真，卻沒發現孩子的耳手不協調。老師唸一個音，請孩子圈是哪個字，或是寫出這個單字，對這個孩子來說很不容易。因為從他聽到老師唸第一個單字，到手把它寫出來時，老師已經唸到第三題了。

孩子的成績，不是願不願意專心的問題，然而這些挫敗卻影響到孩子學習英語的意願。

專不專心是結果，不是原因

這一年，看到不同的孩子遇上各自的學習問題，我慢慢看懂了，那個小時候總是在課堂上恍神的自己，是因為聽不懂老師說的是什麼，只看到老師的嘴巴張呀張，每個字明明都學過，連成一句話卻怎樣都無法理解⋯⋯。

即使再努力，頭腦就是會自動轉成放空模式，一放空，注意力就不知道飄到哪裡去，等到回神的時候，才發現自己剛剛「又」不專心了，完全不知道該如何集中注意力。

慢慢的，我也知道了，女兒的眼睛結構跟我的很像，視線很難集中在一個定點上，眼角餘光的能力卻很強，所以我常常無法專注在老師講的事情上面，眼睛雖然看著老師，但是進入我腦中的畫面，卻是旁邊的事物，那窗外的陽光穿過榕樹枝葉，撒落在地上的美麗畫面。

腦中沒有音樂的孩子，無法辨識節拍，那種專注是硬撐出來的；耳手不協調的孩子，手的動作無法反應耳朵聽到的指令，一錯過題目就來不及，一來不及就慌了，一慌就閃神，更加無法專注，未來上課抄筆記、記重點，也會有障礙；而眼睛無法完全對焦的孩子，即使看著黑板，腦中收到的畫面還是窗外的風景，因為看不懂，所以閃神，又因為閃神被罵不專心。

慢慢的我才看懂，專不專心是結果。如果孩子出現不專心的狀況，要先找出孩子挫敗的原因，不同的原因，有不同的解決方法，可以利用不同的練習跟遊戲，一起協助孩子，而不是一直逼著孩子「要專心」。

用錯方法，徒勞無益

女兒小二時，有天看到一個孩子在咖啡廳寫作業，女兒看著對方爸爸一直要求孩子坐好、快寫、要專心，嘆了口氣，跟我說：「媽媽，我沒有辦法那樣寫作業，那樣安靜坐著，我反而沒辦法專心。」

我看著女兒，笑笑地問她：「那為什麼書上的內容、老師教的課，妳都懂呢？」

女兒笑著回答我：「因為我有自己的方法呀！」

看著女兒俏皮的表情，從小一直被責備、也自責「都是不專心，成績才不好」的我懂了，這世界上的專心，不是只有一種樣貌；讀書，也不是只有一種方法；而不專心，只是問題的後果，不是問題的本身。

那練功會痛的老先生，不是不夠忍耐，而是真的身體有狀況；那跟不上節拍的孩子，不是不夠專注，而是有著連自己都沒辦法發現的問題。

不知情的人說的每一句「為何別人能忍，你不能忍？」「你怎麼不能好好坐著寫完作業？」「你就是不夠專心！」對他們來說，又何其殘忍。

在陪這些孩子渡過學習障礙的過程，我也才原諒自己，停止責怪自己小時候的不用功，停止責怪自己「不會讀書」，並且告訴自己，我只是一直沒克服我的學習障礙罷了。

爸媽可以這樣做

＊每個孩子學會一樣東西都會很開心，不管是會騎腳踏車，還是能自己上廁所。遇到孩子學習有狀況，因為挫折説不喜歡學科時，先觀察看看孩子是不是遇到困難，而不是先用責備的語彙怪罪孩子。

＊想要鍛鍊眼手協調，可以玩打地鼠遊戲；想訓練孩子的耳手協調，可以玩紅綠燈。孩子寫字時停下來，不見得一定是分心，有時候可能是因為肌肉痠痛。學習的問題很多，怎麼陪孩子破關，才是面對問題時最重要的態度。

孩子不是愛搗蛋，而是「選錯了開關」

以為是為孩子好的開關，打開的卻是孩子的怨懟；
以為是討好母親的行為，打開的卻是母親的暴怒；
以為督促的是孩子字寫得漂亮的開關，
打開的卻是孩子越罵越沒自信的反應。

有次逛玩具店，我看到一個日本新出的玩具，有很多的開關，有插座的造型，也有烤箱的旋轉鈕，當然還有電燈及按鈕。看著那樣的玩具，我想起了家中孩子一歲多時的行為，輕輕笑了出來，很佩服這個玩具的設計者，真的有好好觀察孩子。只是，我也想起了另一個孩子的父親。

有小孩之前，我曾經去一位老師的家中拜訪。那位老師有兩個很小的孩子，師母每天在家中照顧他們，而老師忙著經營補習班。由於他在家的時間不多，即使在家，也忙著工作，對兩個孩子而言，爸爸回家與否的差別，就在於有沒有一個高大的背影，坐在電腦的前面。

那時候剛會走路的小兒子，很黏爸爸，他最喜歡的事情，就是爬到父親的腳邊，伸出他胖嘟嘟的手指頭，按下電腦的主機按鈕，一口氣關掉電腦的總開關。他每次這樣一按，坐在電腦前面的爸爸，就會慘叫一聲，然後一把抓起孩子，用哈癢功懲罰他。小兒子愛死了這個遊戲，爸爸卻苦惱不已，打了很久的報告，常常一下子就全毀了。

後來，爸爸想到一個好方法，他買了一個新的主機殼，也放在他的腳邊，讓孩子開心一口氣按個夠。剛買來的前幾天，孩子一如往常，興奮的走到新的主機殼前，伸出自己小小肥肥的手指頭，往主機的開關按鈕一按，只是這次不管怎麼按，爸爸依舊坐在電腦前面，努力的打報告，完全沒有反應。

一次又一次，後來小孩懂了，他再也不玩那個新的主機殼，而是鑽過新的主機殼，往後面那個舊主機殼的開關按下去。

我想，對孩子來說，感興趣的並不是按那些開關，他們想要的是，按下開關之後父母的反應。那個孩子知道，只要按下電腦的開關，就能讓一直忙著工作的爸爸站起來「跟他玩」，那個開關對父親來說，是電腦的主機開關，對孩子來說，卻是「爸爸陪我玩」的開關。

給錯開關，行為卡關

兒子出生的時候，女兒已經快六歲了，兩姊弟年齡差距雖然大，我卻一點都不擔心他們相處的問題。很多人說第一胎最好生女兒，因為姊姊會照顧弟弟妹妹，我卻不這麼認為。我能理解的是，第一個孩子教得好，就不需要擔心後面的，因為第二個孩子總是會模仿大孩子。

女兒非常疼愛弟弟，有一陣子她很喜歡玩各種顏色的金粉，我常常會在兒子的臉上或身上發現金粉，女兒就會笑著說：「每次我去偷親弟弟，都被媽媽發現。」

只是，不管感情多好，人與人相處難免會有衝突。兒子開始長牙，偶爾玩到一開心，他就往我的身上咬一口。我知道孩子長牙時一定會發生這樣的狀況，於是買了乾魷魚，烘烤過後讓孩子咬著磨牙。

烤得香香的魷魚乾，天然又有味道，孩子很喜歡，只是興致一來時往人身上咬一口的習慣，卻還是沒改過來。那時他才一歲多，即使你跟他說：「咬人會痛，我不喜歡。」孩子也不見得聽得懂。

我看得出來兒子咬人時，眼神並不憤怒，而是愉悅的，就好像一個還不懂什麼叫生氣的人，看到你在他面前張牙舞爪，還以為你是在跳舞一樣。慢慢的我懂了，老師家的小兒子，以為按下去的是「爸爸陪我玩」的開關，而我的兒子以為，一口咬下去是讓對方跳起來對他哇哇大叫的開關。

我們給錯開關，讓孩子誤會了。就跟夜晚入睡的時候，兒子開了大燈的開關，我們會哀嚎太刺眼，而睡不著的兒子卻以為大家不睡了，可以起來跟他玩是一樣的道理，孩子按的不是電燈的開關，是「大家陪我玩」的開關。

兒子咬人的狀況，沒有持續多久。他有一次一大口咬了姊姊的屁股，女兒痛苦的哀嚎聲，讓我心疼得快掉淚，兒子卻還一臉興奮，等著姊姊陪他玩。

我抱著痛哭的女兒，安撫她，我沒辦法告訴這個年紀的女兒，該忍受弟弟這樣的行為，所以我一直在想到底哪裡出了問題？

兒子從小跌倒，甚至掉到床底的時候，我都會抱著他說：「痛痛！」「好痛！」孩子懂痛的感覺，為何聽不懂「這樣姊姊會痛！」「你咬我，我會痛！」那天，我持續觀察兒子咬人的表情，我想應該是我給錯了開關，讓兒子把咬人當成可以得到「陪我玩」的開關了。

於是，我就想，如果兒子把咬人當成一種遊戲，那麼，我該怎樣才能讓他把「咬人」跟「別人很痛」產生連結？到底有什麼方法，能讓一個語文理解能力還未發展完成的孩子，轉正錯誤的觀念呢？

重新設定正確連結

隔天，趁姊姊上學的時候，我跟兒子躺在床上玩模仿遊戲。兒子抬起腳玩，我就

學他的動作，也抬腳玩，然後說：「抬腳！」兒子嘟嘴巴，我也跟著嘟嘴巴，說：「嘟嘴。」兒子臉上有什麼表情，我就做什麼表情；兒子做出什麼動作，我也跟著做什麼動作，只是我還會加上語言。

玩到越來越開心的時候，兒子一口咬了我的手，我說：「弟弟咬我！好痛！」等兒子鬆口了，我便問他：「請問，我可以咬你嗎？」兒子沒有被咬會痛的觀念，開心的點頭說好，於是我也模仿他剛剛的表情，在他手上咬一口。因為我不是要懲罰或報復，所以必須控制好力道，我一邊咬，一邊看著兒子的反應，原本開心的笑臉，隨著我的咬勁加重，慢慢變臉，然後快速地抽走他的手說：「痛！」

這時候我立刻說：「咬人，會痛！」然後繼續問：「請問，我可以咬你嗎？」兒子搖著頭說不可以。那一整天我就在床上，跟兒子玩了將近四個小時的模仿遊戲，其中咬人的遊戲就玩了三次。

從那天之後，兒子再也不會開口咬人了，他終於懂了「這不是一個邀請別人玩的好方法」，也懂了「你咬我，我會痛！」之間的連結。現在問兒子：「請問，我可以咬你嗎？」他都會搖頭說不。

那時候的我才懂，小時候在鄉下，每當小孩打人，對方告狀到家裡，父母總是會在門口教訓自己的孩子給別人看。我常常看到我的玩伴被抓出來打，做父母的總是邊打邊罵：「我不打你，你不知道什麼叫做痛。」

現在想想，原來這個道理，以前的大人早就懂了。當我在打人、咬人的時候，因為自己不是受害者，所以不知道「我打人，別人會痛」的連結。

然而，那時候的大人忘記了，在那樣不顧孩子自尊的教訓過程中，孩子連結到的不是「我打人，別人會痛！」而是「力氣大的，可以打人的，就是老大。」所以大人可以打小孩，而有力氣的小孩也可以打相對弱勢的孩子。那些父母似乎也給錯了開關。

遇到問題，就想辦法解決

兒子長牙咬人的時候，我們玩過一次模仿遊戲；當他開始喜歡揮手打人的時候，我們也玩了類似的模仿遊戲。過了一陣子，女兒有一天回來告訴我：「媽媽，我今

天在遊戲場新認識一個朋友，他說他弟弟現在已經七歲了，還是常常咬他。我就跟他說，我一歲的弟弟，咬了我屁股之後，媽媽就去教弟弟，結果我弟弟就再也不會咬我了，那個朋友竟然很害怕的說：『那妳媽媽一定超級兇！』我笑到肚子痛，一直告訴他我媽媽從來不打罵小孩，他完全不相信。」

我看著女兒開心的表情，摸摸她的頭說：「寶貝，不是媽媽比較兇，而是媽媽知道問題在哪裡，也想了方法去解決問題，不是嗎？」

女兒點點頭說：「對呀！我們是會想辦法解決問題的人。」看來不知不覺間，我也在女兒心中，安裝了把「遇到問題」連結至「想辦法解決」的迴路設計。

這幾年看的親子越來越多，心想親子之間何嘗不是如此。以為是為孩子好的開關，打開的卻是孩子的怨懟；以為是討好母親的行為，打開的卻是母親的暴怒；以為督促的是孩子字寫得漂亮的開關，打開的卻是孩子越罵越沒自信，當父母一不注意，字體就展現了自己畏縮的懦弱。

我看著手中那個有許多開關的玩具，想著，孩子要的，不是開關的過程，而是按下開關之後的反應。人與人之間的相處與反應，如果能夠像電燈的開關一樣，一按就是開，再一按就是關，迴路這麼簡單，那麼衝突就會減少很多了。

孩子開錯開關這件事情，最讓父母困擾的是孩子用錯方法討愛，以為哭就可以得到同情，卻影響孩子的人際關係，或者以為用發脾氣、甚至生病，就能吸引父母的關愛。我會跟孩子說：「你用錯方法了，我無論如何都愛你，需要媽媽抱抱的時候，張開雙手就抱吧！」除了告訴孩子開錯開關，也要給孩子正確的開關。

孩子不是愛罵人，而是「以為大聲才是贏家」

孩子們一直以為只有大聲罵人的，才是贏家、可以讓人害怕的，才是主導者；卻看不懂，那些大聲罵人的話，像一把亂射的箭，刺傷身邊的每一個人，包括自己。

秋日的午後，我帶著當時兩歲七個月的兒子去動物園，享受屬於我們母子倆的快樂時光。園區裡設置了好幾個可讓孩童攀坐的河馬造景，每個孩子來到這裡，總是忍不住坐上去玩。

兒子趴在一隻河馬身上，玩得很開心。每當有人想跟他一起坐同一隻河馬的時候，他總會說好。但是，如果有人要搶他的位置，他就會指著隔壁的河馬說：「你去坐那隻，去！」

我看著兒子的說法與動作，宛如女兒的翻版。每當兒子想要找姊姊玩，而姊姊正在寫作業的時候，就會說：「你去玩那個，去！」或是「你去找媽媽，去！」而兩個孩子學的，也是大人。當我爐上的火正旺的時候，孩子來找我，我也會說：「先去找爸爸！」或者「去找姊姊玩！」

正當我專心觀察著孩子，一對兄弟走了過來，坐在兒子身旁的河馬上，兒子手上拿著玩具手機，開心的說：「這是我的手機噢！」那個約莫四歲的哥哥馬上說：「我看一下。」一把搶過兒子的手機，兒子生氣的說：「還給我，這是我的！」男孩看到原本在一旁低頭滑手機的爸爸，抬頭看他，才趕快把東西還給我兒子。

過沒多久，男孩也玩起自己的玩具，男孩的父親忽然站起來，伸手搶走男孩的玩具說：「媽媽在餐廳找到位置了，我們去吃飯，不准玩了。」

我看到那孩子一臉不情願，整個人也難過了起來。孩子總是在不知不覺間反映出父母對待他們的態度，孩子不尊重別人的東西，源自於父母也不尊重孩子的東西。

我為這個孩子感到難過，這麼多年來，我才知道父母這樣的反應，也是因為他們曾

經這樣被對待。教養，就是這樣一代傳過一代。

刺刺話，刺到了誰？

女兒到了該上學的年紀，當所有同齡孩子的家長，都在幫孩子物色幼兒園的時候，我開始有點慌亂，既不想讓孩子去幼稚園，也還找不到適合的去處。那時我求助一位大學教授，那位教授輔導過台灣各地多所幼兒園，她建議我跟她去一趟台南，看她輔導的幼兒園。

那天，我坐在幼兒園寬闊的遊戲場中，看著幾個孩子在我面前玩遊戲，有個孩子生氣的罵了一句髒話，其他孩子馬上說：「噢～你說了刺刺話。」

原來，在他們幼兒園中，「罵髒話」就是「刺刺話」，當時的我還沒有遇到孩子罵髒話的困擾，只是「刺刺話」這個詞彙就在我心中留下深刻的印象。

一直到女兒快四歲的時候，有一次跟朋友在自來水博物館的小水池玩水，遇到一群孩子，那群孩子不但搶他們的玩具，還滿口髒話，一直罵別的孩子「笨蛋」。

那群孩子很強勢，每個都很會罵人，慢慢的佔領了大半個遊戲水池，女兒的朋友玩具被搶了，還被罵「笨蛋」，女兒很生氣，站起來大聲的回嘴說：「你才是笨蛋！」其實，女兒根本不懂什麼叫笨蛋，只是覺得這樣說，好像比較厲害。

這時候，女兒的朋友小丁卻忽然大哭起來，小丁哭得莫名其妙，一問之下才知道，小丁以為女兒是在罵他，被自己的好朋友罵笨蛋，小丁難過得哭了。

女兒不解：「小丁怎麼哭了？」我回答：「因為小丁以為妳罵他笨蛋。」

女兒說：「不是，我不是罵他笨蛋呀！笨蛋是什麼？」

我大略解釋了笨蛋的意思，再回答孩子說：「寶貝，妳知道嗎？當妳罵別人笨蛋的時候，話從嘴巴出來，妳沒有辦法決定只有誰可以聽到，所以就像一支亂射的箭，在水池這邊玩的每個人，只要有聽到都會被射到，這就是刺刺話，妳不知道你講的話會刺到多少人，刺得多深，有沒有刺到自己。」

女兒回答：「為什麼會刺到自己？」

我指著那群一直罵髒話的孩子們說：「他們這樣一直講刺刺話，妳覺得他們很棒？還是很討厭？讓人覺得很舒服，喜歡他們？還是不想跟他們在一起？」

女兒回答說：「很討厭，我不想跟他們一起玩。」

我笑笑的說：「所以他們講的刺刺話，不就也刺到自己了嗎？」

女兒似懂非懂想了很久，慢慢點點頭，她走到小丁的面前，跟小丁道歉，她的刺刺話傷了朋友。取得原諒後，她繼續跟朋友玩，再也不會因為那群孩子的挑釁而動怒。聽到刺刺話時，你可以選擇被刺，也可以選擇相信那些刺是刺向他們自己。

那時，我才懂，孩子們一直以為只有大聲罵人的，才是贏家，可以讓人害怕的，才是主導者；卻看不懂，那些大聲罵人的話，像一把亂射的箭，刺傷身邊的每一個人，包括自己。

當孩子學人說髒話

女兒越來越大，常會突然爆出一句不知道從哪邊學來、讓人不舒服的話，我總是假裝中箭一樣說：「啊～我好痛苦，彈彈不喜歡我，她罵我豬頭，我是豬頭，那我不會煮飯、不會開車去學校、不會搭公車、不會帶小孩去玩，豬頭只要在家裡吃飯睡覺就好。」然後假裝躺下睡覺，一臉愉悅。

女兒看到我這樣，總是會跑過來說：「媽媽，對不起啦！我不是罵妳，我只是看到這個故事，覺得很豬頭就罵出來了，不是在說妳啦！」

我無辜的說：「我不管，我被刺話刺到了，我要當豬頭，妳煮飯給我吃吧！」

當孩子懵懵懂懂的罵出「白癡」、「笨蛋」時，我會打開電腦，搜尋一些醫學的照片跟影片給孩子看，告訴孩子「妳是罵媽媽這樣嗎？」「妳覺得我是這樣的人嗎？」「這句話罵得有道理嗎？」「妳知道這是一種疾病，智能比較不好的人，其實不是他自己可以選擇的，用疾病罵人，非常不道德。」

這樣教孩子的我，也常常被孩子教。偶爾我說錯話時，女兒會一臉無辜的跟我說：「媽媽，妳這樣說，很傷人呢！雖然不是髒話，卻刺到我了。」

每次聽到女兒這樣說，我會馬上放下手邊的事，問她：「請問我哪裡說錯了刺傷妳？」女兒就會開始解釋，我因為哪些誤會而說錯話。

女兒知道怎麼反應她的感覺，而我也可以藉由女兒的這句話，去理解我跟她之間，又有哪些誤解。一有誤解就馬上處理，不讓兩個人之間的誤會，越結越深。

話語，像是一把會亂射的箭，一旦射出去，我們根本無法得知別人有沒有躲開？傷得多重？傷口是不是一直沒有痊癒，留在別人的心中慢慢發炎？

我曾經因為別人的話語，被一箭刺傷，痛徹心扉；但是在我幫忙許多孩子的過程中，我的直白也像傷人的箭，可能傷到很多父母。話語如此傷人，我們都在傷痕累累中成長，然後再把同樣的話語傳給下一代。

傷人的不自知，被傷的也說不出口。

忽然，我好羨慕女兒，她可以在這樣的年紀，就理解這個道理，看懂語言像是一把箭，懂得告訴我她受了傷，看懂怎麼傷人，看懂怎麼受傷，看懂怎麼求救。

學著看懂，學著不讓自己長成一株帶刺的植物。不帶刺，才能得到緊緊的擁抱。

爸媽可以這樣做

* 孩子講髒話或罵人，有時候根本不知道那是什麼意思，我聽到後會刻意表現出被「刺傷」的感覺與痛苦，讓孩子知道剛剛說的那句話很傷人。

* 大一點的孩子，可能會開始在同儕間，學一些奇怪的順口溜，如果內容無傷大雅，我會笑笑的聽過；但如果涉及攻擊，我會看孩子卡在哪裡，再引導孩子看懂話中的意思，讓孩子知道什麼話該說，什麼話不該說。

孩子不是愛搶人玩具，而是「不知道該怎麼借」

我常常看到孩子搶別人手中的玩具，父母在一旁罵「不可以搶，用說的。」「用借的。」卻從來沒看到父母告訴孩子，「用說的」是該說什麼？「用借的」又該怎麼借？

我的第一份工作是貿易公司助理，負責運動鞋開發部門。每年冬夏兩個季節，義大利籍的運動鞋設計師會來台灣，依照我們平常幫他們收集的材質樣品，設計下一季的新作品。

設計師設計好圖面之後，會指定哪一部份的鞋面，要使用哪種材質，哪個部位需要放什麼樣的射出片，又該選用哪種鞋子大底。拿到完成稿之後，我們會決定適合的廠商下訂單，讓留在台灣的打樣師傅，製作設計師需要的樣品鞋。

每到這兩個季節，我們一次要出好幾百款的樣品鞋，每個樣品鞋都必須完整呈現設計師的創作概念。通過設計師那關之後，我們再把所有的鞋子打包，送去歐洲參加鞋展。在鞋展接到訂單後，再將樣品送到東南亞各國工廠，讓工廠按照樣品與設計圖大量生產。

我很佩服那些設計師，看著各式各樣的材料樣品，就可以畫出不同的設計，在那短短的一個月內，把之前努力到處觀察、吸收到的養份，全部發揮出來，那些設計決定了下一季歐洲男女足下的風光。

兒子出生後，他最常模仿的對象就是姊姊。姊姊最近在學校學了哪一首歌，兩歲半的兒子總是可以朗朗上口；女兒小的時候，我常常放了音樂，跟女兒拿著假麥克風唱唱跳跳，兒子則是常常跟著姊姊唱唱跳跳。

跟姊姊的成長歷程相比，兒子的朋友比較少，但我一點也不心急。在孩子開始到外面與人交際互動之前，我有許多前置作業要做，其中一樣就是「當孩子的樣品」。

扮演孩子的最佳「樣品」

兒子剛要學在餐椅上吃飯的時候，常常猛然站了起來，老公總會說：「坐好！坐好！」兒子當然不知道什麼是坐好，一歲多的孩子腦袋裡面怎麼會有「坐好」的畫面呢？他連什麼是「坐」，恐怕都還不知道。於是，我抱著兒子坐下，告訴他：「這是『坐好』。」再抱著兒子站起來，說：「站起來。」那一陣子不管我走到哪裡，只要坐下，我就會示範「這是坐下」、「這是站起來」給兒子看。

姊姊上學時，我常帶兒子去台北市的親子館玩，看到兒子很想跟人玩，卻不會說，我知道他卡在語言能力還無法傳達他的想法。回家後，我就會趁他在玩車的時候，蹲在他旁邊輕輕問他：「請問我可以跟你一起玩嗎？」「我們一起玩，好嗎？」

如果兒子在玩煮飯遊戲，我就會走過去扮客人，對著兒子說：「請問有什麼菜可以點呢？」「請問我可以點一杯飲料嗎？」「老闆，請問義大利麵多少錢？」我反覆跟孩子玩，在我跟他的互動中當一個樣品，一個示範怎麼自然而然跟別人玩在一起的樣品。

我常常在親子館看到孩子搶別人手中的玩具，他們的父母在一旁罵「不可以搶！」「不可以搶，用說的。」「用借的。」卻從來沒看到父母告訴孩子「用說的」是該說什麼？怎麼說？「用借的」又該怎麼借？怎麼樣才能借到？

孩子的腦中沒有樣品，他聽不懂父母的意思，自然只能用他自己的方式處理，而這樣的反應，看在父母眼裡，卻誤以為這個孩子「講都講不聽」。

我認識一個學法律的媽媽，堅持不打罵孩子，她很得意她跟孩子從小用講的，不用處罰。只是五歲的男孩還是會搶人玩具，還是會聚眾打人。每次媽媽一發現這種情況，就拉著男孩到一旁，開始講道理。

男孩被母親叫去，眼神就四處飄移，甚至轉頭去看別的地方，腦袋不知神遊到哪裡去，根本聽不懂母親在說什麼。什麼刑法、尊重別人的權利，對那個孩子來說，都像是外星語。他在玩得最開心的時候被拉走，被迫聽母親「講道理」，聽煩了，想趕快回去玩，就隨便敷衍母親說懂了。

我就想，如果孩子一直被迫聽自己明明聽不懂的道理，是不是以後只要別人一開始說話，他就會自動放空？這樣的狀況，會不會造成往後學習上的阻礙？

母親很會講道理，卻從來沒有跟孩子一起玩，並且在玩的過程中，為孩子示範怎麼借玩具，怎麼尊重別的孩子的自主權。這樣的孩子就好像一個沒看過設計圖跟樣品的工廠，聽一個外國設計師用義大利話解釋，就必須生產出一雙符合設計師想法的鞋子一樣困難。

孩子不是講不聽，是根本不知道該怎麼做，孩子不懂大人腦中的形象與對話，到底是什麼樣貌。

陪孩子一次次的練習

女兒三歲多的時候，有一次吃雞腿吃得津津有味，那時，我想到該教孩子怎麼剔牙了，於是買了一包牙線棒，在鏡子前面請女兒觀察自己的牙齒，看到牙縫上有食物殘渣，就教孩子用牙線棒一一剔淨，把牙齒周圍清乾淨後，再開始刷牙。

平常只有刷牙的女兒，一開始覺得這套程序很新鮮，但過了幾天就厭煩了，問我：「為什麼一定要剔牙？」那天晚上女兒玩得全身髒兮兮，準備洗澡時，我面無表情的在她身上抹香皂，女兒一臉吃驚，說：「媽媽，我還沒脫衣服耶！」

我訝異的說：「ㄟ，穿著衣服不能洗澡嗎？」女兒說：「這樣洗不乾淨呀！」我假裝恍然大悟說：「這就跟牙齒上還有肉肉，牙齒被肉包住，卻只有刷牙，有刷跟沒刷一樣刷不乾淨嗎？」女兒想了想，點點頭說：「可是媽媽，我還不太會剔牙。」

我笑了笑，告訴孩子，我會一次次陪她練習。原理懂了、該怎麼做的順序也懂了，剩下的就只是讓孩子慢慢練習，練到熟練為止而已。

又如收玩具，怎麼收才符合母親心中的要求？有哪些過程跟順序？如果媽媽沒有帶孩子收一次，孩子怎麼懂得媽媽口中收玩具的標準？

整理房間、做家事，不是我的強項，剛好朋友的家事營，可以教孩子一步步學會，怎麼折衣服最省空間、怎麼收納最精簡、清潔劑有哪些種類、各該怎麼使用……然後，陪著孩子在家練習了好幾次。

我把前置作業先做好，告訴孩子整件事情的步驟。對小小孩我用玩的方式，讓孩子懂得怎麼跟別人一起玩、怎麼尊重別人。我不會一直在旁邊喊「要用借的」，卻

不示範怎麼借；我也不會要求孩子「要用功」，卻不教他們什麼叫「用功」，該怎麼做才是用功。

我也不會對著兩歲半的兒子喊「餐廳不能跑，危險！」卻沒有在進入餐廳之前，先抱著他看看什麼叫餐廳？在餐廳裡大家都在做什麼？服務生怎麼上菜？菜熱不熱？小朋友跑來跑去，會不會撞到？有哪些危險？我甚至會教孩子在等菜的過程中，怎樣做才不無聊，有哪些可以在座位上玩的遊戲。

如果孩子太小，不容易安撫，夫妻之間又該如何互相合作，不抱怨。

這些年來，看懂孩子們的困境之後，我常常很佩服自己這一代的人，在那樣的年代成長，是怎樣慢慢摸索出父母真正的意思；在多少責罵中，慢慢推敲、學會在沒有樣品、設計圖，光靠聽不懂的話，就做出鞋子；不知道被退貨多少次，承受過多少責罵和痛楚。這樣的人生中，還有多少因誤會而造成的傷痕？

每次我看到一直被喊著「用說的！」「用說的！」的孩子，因為不懂到底該說什麼，而受到誤解、處罰時，我知道他不是講不聽，而是真的不知道該怎麼做。

孩子卡住的點是沒有樣品，看不到父母腦袋中，要孩子做出來的產品。

爸媽可以這樣做

- 在家裡，我會特意準備一些「屬於媽媽的」玩具，孩子想玩的時候，就一定要來跟我借，我也會常常跟孩子借玩具玩，利用這樣的方式教孩子了解「物權」的概念，並示範「如何向人借東西」。
- 當孩子拒絕借我玩具時，我會說：「好吧！那是你的玩具，你可以決定。」刻意表現出沮喪卻尊重的樣子，一次又一次讓孩子知道，雖然借不到玩具時會沮喪，但每個人都有拒絕他人的權利。

孩子不是愛欺負朋友，而是「被控制了」

那天之後，女兒開始懂得她一直以來的不舒服到底是什麼，

當有人要逼她去做某些事情時，

她會說：「我不喜歡你控制我，我有自己的想法，我可以自己決定。」

雖然離開職場已經好幾年，每當有關政府官員或政治人物的新聞案件發生時，我還是會認出幾張似曾相識的面孔；聽到涉案的人，有助理或辦公室主任時，我的感受不是憤恨，也不覺得對方咎由自取，而是同情居多。

真的是滿滿、滿滿的同情。

職場幾年歷練下來，無論是在政治界，還是在一般的公司，都足夠我了解，不會

有一個老闆把你叫進辦公室說：「你的帳戶借我洗一下錢！」也不會有老闆交代：「這筆錢你拿去給某某某，我要關說。」當然，更不會誠實到告訴你：「我要請你幫我犯法。」

這些事都是分開進行的。同一件關說洗錢的案子，有的助理被要求寫幾個文件、開個帳戶；有些助理被要求去送個貨，卻不知道裡面全是見不得光的錢；有些助理被要求傳個話，沒頭沒尾的一句話，心裡還疑惑為何老闆不能用電話講就好。

從小接受的教育要我們服從，所以在工作中莫名其妙被控制了，很多人根本察覺不到，即使有所懷疑，也沒有人敢去質問老闆。

只有政治界才會遇到這樣的狀況嗎？非也！我也在一般公司任職過，曾有客戶需要一個產品，原廠調不到貨、經銷商也沒有庫存，上司卻可以打通電話，就用現金調到了，還不入公司帳。過沒多久，貨就來了，順利交給客戶。從來沒有人質疑過電話那頭到底是誰，也沒有人想過，自己是不是跟竊盜集團下了單？

我常常在想，會不會有很多人一直要等到警察上門了，媒體都報導了，才發現自己也是老闆的共犯之一？

我也常常在想，為何這些人總是沒發現自己被控制著？是我比較敏感，還是運氣好，才能在每次風暴中安然退場？

有人說，每一個母親都按照自己的成長經歷教養孩子，我也不例外。可是，我的人生中好幾次差點受到控制，成為犯罪事件的共犯，我沒有加入黑道，只是一個平凡的上班族，卻仍身處險境。我很擔心，我的孩子長大後如果沒有我的敏感或好運，能夠看出他對老闆、上司、長輩的服從，其實是被控制了嗎？

教孩子看懂「被控制」

女兒五歲那一年，我總覺得她跟朋友小萍的互動，有種說不出來的怪。兩個女孩可以玩得很開心，可是一段時間後，女兒會很悶的跑來找我討抱，她有氣，卻說不出個所以然。

偶爾，我發現女兒會在小萍的慫恿下，去打某個孩子，也曾發現女兒跟著朋友排擠某個孩子。即使跟她深談過，我還是覺得她有一種說不出口的悶，我始終搞不懂孩子到底出了什麼狀況，困擾了很久。

有一陣子，我們正準備出國玩，因為我身體不好，她父親又超級容易暈車暈船，我很擔心女兒想玩遊樂器材時，因為家長無法陪玩，讓孩子也不能玩，會感覺委屈。有一天，看到女兒跟朋友們盪鞦韆，玩得很開心，於是我告訴她：「寶貝呀！鞦韆盪這麼高妳都不怕，看來我可以帶妳去迪士尼，讓妳自己玩了！」

女兒聽了很高興，馬上邀她的好朋友——四歲多的小珊說：「小珊，一起來盪鞦韆嘛！這樣就可以去迪士尼玩了耶！」小珊不喜歡那麼刺激的遊戲，聽了女兒的說法，很生氣的說：「我不喜歡妳控制我！」

那一瞬間，我好像被敲了一下頭，整個豁然開朗了。我對小珊的媽媽豎起大拇指，然後讓女兒陳述她的說法只是邀請，而不是控制，帶著兩個孩子解開誤會。回家的路上，我請女兒觀察她父親開車，我告訴她方向盤的作用，當方向盤往右轉，車子就必須往右走，不能往左；當方向盤往左轉的時候，車子就只能往左走，不能往右。方向盤不能有自己的意思，只能按照駕駛者的意思做，而這樣就叫做「被控制」。

回家之後，我打開電視與ＤＶＤ機，用遙控器示範什麼是往前快轉，什麼又是往後快轉，然後告訴孩子，有了遙控器，就能操控電視與ＤＶＤ機的運轉，就像車子被方向盤控制了一樣，電視與ＤＶＤ機，也被搖控器控制了。小朋友看了廣告就想去買玩具，也是一種「被控制」；被要求乖乖聽話、不管什麼命令都要照做，也是一種「被控制」。

聽完我的解釋，女兒舉一反三的說：「喔！媽媽，難怪小豐想要喝飲料的時候，會跟他爸爸說，他被飲料控制了。」我笑了，知道孩子真的懂了。

那一夜，我跟女兒躺在床上，有一搭沒一搭的聊著，悶悶的女兒忽然問說：「媽媽，因為小萍常常叫別人不跟我玩，我很害怕沒有朋友，所以她叫我去打小惠的時候，我就會照做，是不是我也被控制了？」

我抱著女兒，跟她說：「寶貝，妳是被自己的害怕控制了！媽媽從來沒有想要控制過妳，我不知道妳喜不喜歡被控制呢？」女兒說：「我不喜歡，所以我很不舒服。」

那天之後，女兒悶悶的感覺不見了，她懂得她一直以來的不舒服，到底是什麼。

當有人再要逼她去做某些事情的時候，她會說：「我不喜歡妳控制我，我有自己的想法，我可以自己決定。」

也因為我從來沒有想要控制過孩子，孩子對於被控制的不舒服感很敏銳，慢慢的，除了控制，我們也談到了威脅與利誘，各式各樣的名詞。

教孩子如何應付「被控制」

女兒五歲九個月時，我生完第二胎正在坐月子，遊戲團體的父母伙伴們，有時候會來幫忙帶女兒去跟朋友玩。我總可以看到女兒開心的揮手離去，然而卻有兩次例外。

有一天，女兒有個朋友的家長要來帶她出去玩，我問女兒要不要去，女兒搖搖頭說不去。女兒一向很喜歡那個朋友，竟然說不去，我很意外，便問她：「怎麼不想去呢？」女兒回答：「○○很喜歡控制人，如果有爸爸媽媽在旁邊，我不舒服可以隨時離開；可是只有我跟她還有她媽媽，我就不太想去了，我才不要被控制了，還不能回家。」

另外一次，我的朋友來訪，女兒本來跟她玩得很開心，對方邀請她一起去公園玩，還說要買東西給她吃。她開心的臉忽然一沉，然後說：「不用了！我想在家陪媽媽。」事後我問孩子：「怎麼不跟那個阿姨去公園玩呢？」女兒說：「那個阿姨都說要把我帶回家，還要我陪她去找她的媽媽玩，我怕我被她帶走。」

我終於懂了，我曾在第一本書上寫過，我從不教孩子「不要跟陌生人講話」，我也不教孩子「要怕陌生人」。因為，人一生當中每一個朋友、每一個客戶、每一個情人，都是從陌生人轉變而來的。**真正該讓孩子怕的，不是陌生人，而是「某個人的行為」才對。**

於是，孩子從小就很懂得如何和朋友來往，現在孩子越來越大了，也漸漸了解，即使是認識的朋友，即使是熟識的大人，她也必須要防範某些行為。哪些事情是控制？哪些事情是威脅？哪些事情應該要小心？其實她都慢慢的在練習。

練習，看懂什麼是控制，什麼又是被控制。

＊利用生活中的場景，例如開車、看DVD，讓孩子了解控制的概念。並且更進一步讓孩子知道，人與機器不一樣，有喜怒哀樂、受到控制時，會抗拒，會覺得不舒服，孩子理解了怎麼陳述自己不舒服的原因，就能處理，也不會被誤認亂生氣。

＊孩子理解控制之後，很有可能覺得父母要求他做的事，是在「控制」他而反抗，這時候要習慣性的讓孩子了解，父母做某些決定背後的原因與分析，這樣也有助於孩子理解如何在做決定之前「分析決策」。

孩子不是愛打人，而是「不懂拿捏力道」

小女孩沒有說謊，她想要跟哥哥說話，哥哥不理她，她只好「拍拍」哥哥的身體，要哥哥聽她說話。在孩子的認知中，她沒有推，更沒有打。

我跟我父親的脾氣很像，都是控制不了力道的人，我生起氣來的狠勁與火爆，從很久以前就很有名。以前我的父母常常罵我脾氣太差，後來父親不再要求我不發脾氣，而是帶我去看事情的另一面，讓我想想那時有沒有必要發脾氣。

上大學學了政治，後來在職場，看過形形色色的人，我才慢慢懂得人與人之間，沒有什麼對錯，那種自以為的正義有時候很傷人。我慢慢懂得要去看行為背後的目的，不要為了表面的行為生氣。也才真正了解到，自己愛幫朋友出頭的個性，常常被所謂的「朋友」利用。

我記得很小的時候，有一次氣到真的無法控制，一把抓住弟弟的手咬了下去，咬完之後我的氣消了，弟弟手上的齒痕，卻到了長大成人都沒有完全消退。

小時候，我不懂因為生氣力道的不同，發洩怒氣的方法有分「了然、不語、告誡、罵人、飆罵、暴怒、開打」等，一直到有位政治前輩提點後，我才理解，原來生氣的時候還可以選擇力道大小，而這甚至也是一種必需的手段。

有些人看懂了對方背後的動機之後，想要避禍，就必須狠狠的發怒跟對方斷交，好讓麻煩不要接近。有些暴怒，則只是一場戲，錄影機的鏡頭一轉開，又可以說說笑笑，邀約一起去喝酒。

我是一直到了人生付出很多代價之後，才懂原來同樣的情緒，有各種不同的力道。原來情緒可以選擇，原來情緒可以是一種工具。而我操縱這種工具的能力，還需要再好好加強。

力道不同，結果大不同

女兒讀小三那一年，我們兩個家庭一起到沖繩旅行。那天我們一行人站在沖繩的高架單軌電車月台上，等著電車到來。沖繩的單軌電車很特別，白天坐在最前面的車廂，就可以看到列車駕駛開車的過程，我很喜歡帶孩子觀察這個過程，所以特地選定了第一車廂的月台等車。

幾個孩子開心的等著電車，一個兩歲十個月的小女孩，伸手推了六歲的哥哥。哥哥因為半蹲著，重心不穩，被妹妹這麼一推就跌倒了。哥哥大叫著：「妳幹麻打我？」

我蹲下來，問小女孩說：「妳有打哥哥嗎？」小女孩搖搖頭說：「我沒有，我只是要哥哥聽我說話，他不聽我說話。」可是這時候，幾乎所有人都一口咬定小女孩有推倒哥哥，大家都看到哥哥因為她的動作，整個人跌坐在月台上。

我看著小女孩受傷委屈的眼神，忽然懂了，馬上跟女兒借了一顆扭蛋，跟小女孩說：「彈彈媽媽懂了，妳不懂什麼是力道。」

我把扭蛋放在地上，用手指頭輕輕摸一下說：「這是摸！」同一個動作稍微用力一點：「這是碰！」同一個動作，再更用力一點：「這是推。」再同一個動作，更用力一點：「這是推倒。」

孩子們圍著我看，我反覆對著那顆立起來的扭蛋，用不同的力道「摸、碰、推、推倒」，孩子們也看著我示範，不同的力道對扭蛋殼所產生的影響。

電車進站後，我起身帶領孩子進入電車內，觀察電車的運行。那時，我想起女兒小的時候，我曾買過一個小小的不倒翁，透過類似的示範，教她認識不同的力道。

我也曾經用同樣的力道觸碰不同的東西，輕輕的碰豆腐、輕輕的碰雞蛋；有點力道的碰豆腐、有點力道的碰雞蛋、有點力道的碰餐桌。以同樣的力道碰不同的東西，所產生的損害也不同。

雖然目擊到事發現場的大家，一致認定「妹妹推了哥哥」，但小女孩堅持沒有。那不是說謊，她想要跟哥哥說話，哥哥不理她，她只是「拍」了哥哥的身體，要哥哥聽她說話，在孩子的認知中她沒有推，更沒有打。

她搞不清楚什麼是力道，也還不懂原來在這個時候、用這個力道、對一個半蹲著

的哥哥來說，她的動作不是「拍」，而是「推倒」。

我忍不住想，孩子真的不簡單，我們到底要付出多少的代價，才懂得這之間的差別？被誤會打人、推人的時候，我們又是怎樣的百口莫辯？

我們怎麼知道同一個動作、不同力道，給別人的惡意與善意的感覺，竟有如此大的差異？

回台灣後，我又上網去買了一個充氣後跟孩子一樣高的不倒翁，我想讓孩子再複習一次什麼叫做力道。

更重要的是，還要讓孩子懂得，當自己出手的力道越大時，被那種反擊傷害的可能性就會越大。

那種被自己打出去的力道反彈打到的痛，我承受過太多，光想就覺得痛。只是，我一直不知道，從小到大，我卡住的，竟是學不會什麼叫做「力道」，直到小女孩受了委屈，才看懂自己用錯力道而疼的傷。

力道呀！不懂力道的孩子，到底要受多少的誤解？

爸媽可以這樣做

✱ 用一個可愛的不倒翁玩具，讓孩子試試看不同力道、不同動作，什麼是摸、碰、戳、頂、推、打、撞、拍。另外，也可以在日常生活中，運用唾手可得的道具練習，例如：我推球，或我拉開門、推門。

✱ 建議使用不倒翁，是因為施力過度會反彈，讓孩子了解，自己太大力，可能會傷到自己；另外也可藉由觀察不倒翁倒地時，哪裡會碰撞地板，結合孩子對跌倒會痛的認知，讓孩子完整了解「因為我推人，造成對方跌倒碰地，所以對方會痛、會哭、會生氣。」

孩子不是愛暴力，而是「心結沒打開」

每個使用暴力的孩子，後面都有一個結，因為不知道還有別的方法，可以打開那個結，才會動手去處理自己的不愉快。面對孩子的暴力問題，真正的方法絕對不是制止。

我國中讀的雖然是A段班，綽號卻叫「大姊頭」，因為我很重視朋友，脾氣太火爆，即使對象是老師，我氣起來甚至會帶頭對抗。在我的認知中，生氣就該像爸爸一樣，展現懾人的火氣，「別人才會怕」。

父親是很有名的壞脾氣，他一生起氣來就很暴力，我小時候沒有見過所謂的流氓，長大後，因為工作的關係有機會見到各式各樣的選民，才知道真正的流氓生起氣來，其實都還比我爸爸溫和。

小時候，只要我們不聽話，他打罵起來非常的凶狠，邊打還會邊說「我不打，你不知道怕！」因此，在我的認知中，打罵別人就是一種威權的象徵，很有老大的感覺，以為吼罵到別人覺得害怕，才是英雄。

一直到讀了政治，我才了解當你有本事談判的時候，就用談判的；當你有本事用法律途徑時，就用法律途徑，動手是最後招式，那顯示的是自己的「沒能力」，而不是我以為的「威權」，累積的是挫敗感，不是英雄感。

當我的認知完全改變的時候，我的人生也跟著改變。隨著工作經驗的累積，我看到了當你懂法律，你就不需要用刀搶遺產；當你知道怎麼經營一家公司，你就不需要掀桌子要股份，關鍵一直在能力，你有沒有處理的能力，而不是別人怕不怕。

看懂孩子的「偏差行為」

女兒第一次打人，是在她三歲多的時候，她將小傳邀進兒童帳棚狂打，事後堅

持不道歉，那時候，我看著吳玥玢老師陪在哭泣的女兒旁邊，等她哭完願意說出她打人的原因，抽絲剝繭才發現，女兒氣的是小傳每次打了人，都輕佻的說句「對不起」就沒事，即使被打的人很不開心，大人也會因為「人家有說對不起了」而要孩子吞下憤怒與委屈。

每次都是這樣，一次又一次的服從大人說的「小傳說對不起了呀！」而必須把氣吞下，不滿慢慢累積，終至爆發。跟大人求助也沒有用，女兒只好使出最後一招，直接把人拉進去，好好的打一場。

直到女兒說完自己的不滿，我才真的懂得每個使用暴力的孩子，後面都有一個結，因為不知道還有別的方法，可以打開那個結，才會動手去處理自己的不愉快。面對孩子的暴力問題，真正的方法不是制止，而是看進他的心，了解孩子的結何在，想辦法解開那個心結，才是根本之道。

每個孩子行為背後，都有一個原因，每個所謂的偏差行為後面，也都有一個心結，孩子不懂怎麼打開心結，求助無門時用的方法，就是所謂的「偏差行為」。

打開心結，才能解決危機

有一個男孩，我認識他的時候，他已經很會打人了，聽說他原本是個溫柔的孩子，加入一個團體後，剛開始是被打，領隊告訴媽媽「不要介入，讓孩子練習自己去面對。」「每個孩子都有打人的時期，大家要互相體諒每個孩子的敏感期不同。」過沒多久，這個原本不打人的孩子正式進入了打人時期。

我親眼看到那個男孩打人時，是因為他借不到東西，我一次又一次的示範，教他怎麼向人借東西，他忽然大哭，原來之前每次被打，媽媽都聽從團體的方法，不介入也不抱他。

那時候我才知道，在那個團體裡，打人的孩子都會被媽媽抱著同理「我知道你一定是很想借東西吧！」因此孩子以為打人可以得到媽媽的擁抱，反而是被打的人要眼睜睜的看著媽媽冷眼旁觀，孩子不懂媽媽抱持的「教養理念」，只有被媽媽放棄的心痛，於是越害怕、被放棄，就越想辦法抓住媽媽的眼光。

當他發現每個打人的孩子都可以被媽媽抱著同理說愛的時候，他也用同樣的方

式處理問題，就這樣，越打越兇，媽媽每次要面對別人的眼光，還要一直抱著他同理，卻不知道就是這樣「只有同理、卻沒處理」的態度，讓孩子一次又一次用了錯誤的方法討愛，媽媽以為這樣就是尊重孩子的成長，卻不知道這個過程對母子都好傷。

於是，我要那位媽媽在兒子被攻擊的時候去保護他，抱著他說：「媽媽會保護你，我們一起學怎麼自我保護。」並且協助孩子雙方講出互相的不滿與立場，學著看懂孩子卡在哪個地方，也讓孩子看懂對方的立場。我也教他們在家用演戲的方式，模擬狀況練習說出：「不要打我，我不喜歡。」「不要打我的寶貝，我會心疼！」在每次孩子要動手的時候，看懂孩子打人的原因，回家慢慢調整。

有些孩子以為，母親偏袒外人都幫別人講話，於是，更想欺負同伴，卻不知道母親其實礙於面子不想得罪人，孩子不懂什麼是大人的面子，當自己受委屈而打人的時候，母親沒有看到自己的委屈，也沒先問原因，而是先去問對方：「還好嗎？有沒有受傷？」這樣的動作加上誤解，讓孩子更氣，心結越積越深，打人的狀況就不會停止。

有些孩子以為母親偏心小小孩，因此動手欺負弟弟妹妹，這些孩子不懂，其實母親只是因為小小孩重心不穩，所以每次都會先去護小小孩而沒有去安慰他，不是因為不愛他或認為他是錯的。

每個孩子動手背後一定有個結，那個結打開了，危機就能解決，就像國與國之間，有了心結總是要先談判，談判破裂或不能談判才會動武。對我來說，沒有天生愛打人的孩子，只有「沒有能力」用武力以外的方式處理事情的孩子。

父母不處理，傷害更大

女兒小的時候，我常常很氣別的孩子打人的時候，他們的媽媽怎麼都不面對，明明只要跟孩子練習怎麼借過，而不是把人推開；明明是不會說只好動手，只要在家裡練習語彙就好；明明是不懂對方為何聽不懂，為何不將雙方的誤會解開就好；我一直認為看懂孩子卡住的點是很簡單的一件事情，那些父母卻「不面對」，縱容孩子一次又一次的打人，我氣那些父母的態度，甚至豎起敵對的大旗，直接遠離，一

直到後來才懂，其實那些父母也不知道孩子怎麼了。

孩子打人，對父母來說並不好受，於是很多人總會找些理由，安慰自己保護自己：「誰叫你兒子躺在地上，我兒子才會踢他。」「他只敢打小平，就不敢打彈彈，因為彈彈比較兇，那是小平的問題。」「奇怪了，我兒子為什麼只打你女兒，你女兒才要檢討好嗎？」其實就是這些理由強化了孩子未來暴力的正當性。

我更氣的，是那種「長大就會好」的謬論，每次聽到這樣的說詞，我總會想「什麼叫做長大就會好，監獄的囚犯都是嬰兒嗎？」「孩子在這樣的過程中，帶著創傷與挫折感長大，當動手變成處理情緒的唯一方法，下次又該誰倒楣？」

對我來說，孩子的成長過程中沒有什麼「打人時期」，也沒有所謂天生愛打人的孩子，這些孩子其實心中有結打不開，又沒人教他用暴力以外的方法處理，才會不斷動手。那些孩子帶著心結長大，即使學會用忍耐、不打人，心裡也有了創傷，誰知道那心中一直沒解的結，長大會變成哪種傷人的刀？

父母的功課就是勇敢面對

小時候，父親黑道大哥般的壞脾氣，一度讓我以為說話大聲、讓人害怕，才是老大，誤解成為我的心結，多年後我才將它解開。我學著父親對我的方式去對待別人，教養是一面鏡子，而這麼多年之後，我也才知道，每個孩子的暴力行為後面一定有個原因，唯有父母願意去面對，才能和孩子一起找出那個心結。如果父母在別人談論的時候，揚起被攻擊時的防衛，斷了孩子成長的機會，那才真是可惜。

孩子的攻擊，不是長大就會好，孩子每次出手，其實都是一種求救，如果父母只會找藉口，別人也不敢出手幫忙。做了母親這麼多年，隨著孩子一天天長大，臉書中來求救的不再是「挑食不吃飯」，而是「小孩打同學，對方家長揚言提告了。」「小孩開始偷竊了，怎麼辦？」「孩子被抓到廁所打了，怎麼辦？」

慢慢的我理解了，從我們做父母那一天開始，挑戰的就是不停「面對」的功課，孩子小時候不面對，長大了也要面對，四歲的孩子會打人，如果認為長大就會好，不用管，等到孩子六歲時，他用的方法就是對母親摔玻璃杯，三十歲就是會打媽媽

甚至殺人，因為他學到的就是用這種方法處理情緒。

當我們恐懼害怕自己孩子成為受害者，是不是也該思考孩子未來如何不成為加害者？孩子如果有攻擊行為，面對吧！

有些孩子的衝撞打人，是因為「看得不夠全面」，還有「角度的問題」，以排隊為例，大人的高度可以看到前面所有的人龍，而孩子因為高度的問題只看到一堆人擋住我，所以動手去移開。如果父母理解孩子的問題，就能找到合宜的方法去處理，例如，將孩子抱到大人的高度，說明目前的狀況，那麼孩子學習到的不只是不打人，還有更開闊的角度與全面觀。

孩子不是無理取鬧，而是「不懂分辨合理／不合理」

以前，在我心目中，父母親只有「願不願意幫我做」的選項而已，
我從來沒想過還可能有「有沒有能力幫我做」的問題，
一直到女兒開始上學之後，我才能夠理解，
當時我的要求對母親來說，不是一種要求，而是一種為難。

一早，我忙著準備早餐。天氣冷了，我幫老公跟自己熬了一鍋粥，而不吃稀飯的女兒，邊吃著我剛烤好的培根起司三明治，邊說好吃，我趁她正在吃早餐的時候，把握時間，開始幫她梳理頭髮。

小三這一年，女兒的頭髮留長，原本的瀏海長到耳下，後頭的長髮已經快到腰間

了，女兒的頭髮很滑順，每次我幫她綁頭髮的時候，母女倆總會忍不住聊著：「猜猜看，今天老師到了第幾節課，會看不慣妳的披頭散髮，重新幫妳綁頭髮？」

我的女兒比男生還要好動，在家裡常常興致一來，就攀著門框爬上門頂，在那個坡度很急的山林學校中，更是常常跑來跑去，玩得非常瘋，早上出門前剛綁好的頭髮，沒幾節課就變成披頭散髮了。

每次看到女兒的那頭長髮，我總是想著讓孩子留長髮，到底是我心中的一種彌補心態？還是報復？從小我就不能留長髮，母親只要時間一到，就會拉我們去理髮店，將頭髮剪到最短。

我常常為了要留長頭髮，跟母親吵架，只是我從來沒有一次成功過。最失敗的一次，還讓自己的頭髮被剪到耳上的高度，每次我跟母親爭取留長髮的時候，母親總會說：「我沒有時間幫妳整理。」

以前的我，哪聽得進去父母這樣的理由？在我的心目中，父母親只有「願不願意幫我做」的選項而已，從來沒想過他們可能有「有沒有能力幫我做」的問題。一直到女兒開始上學之後，每天早上都要跟時間賽跑時，我才能理解，母親一大早起來，要張羅全家早餐，要準備三個孩子上課的所有事情，將孩子送去上學之後，還要整理家中狼籍的杯盤，並且得在八點前到達辦公室，是多麼緊湊的行程。

我的要求，對母親來說，不是一種要求，而是一種為難。

當孩子的我卡住的是，我不懂什麼是為難。因為不懂什麼是為難，所以我看不懂我有多為難她；也因為不懂什麼是為難，所以我對母親的埋怨，這麼多年來從來都沒斷過。

要求別人做不可能的事，就是為難

女兒七歲那一年，兒子才剛一歲多，剛剛會走路的弟弟，走到哪裡就玩到哪裡，家裡有很多女兒的玩具，對還沒建立起物權觀念的兒子來說，看到每個玩具都想拿來玩。有一次，弟弟又拿了姊姊的玩具，姊姊非常堅持要弟弟說：「借借！弟弟要說借借，知道嗎？」女兒一直講、一直講，而不知道狀況的弟弟只看到自己想玩的玩具被拿走了，開口就是大哭。

那個晚上，姊姊很有耐心的教弟弟怎麼借東西，甚至怎麼說謝謝！過了一天，我在樓梯間不小心踩到一塊濕的地方，整個人打滑差點跌倒，因為驚嚇我叫了很大一聲，女兒聽到聲音馬上趕過來柔聲的問：「還好嗎？」我驚魂未定的跌坐在樓梯上，摸著我差點扭傷的腳說：「不知道為什麼樓梯這裡濕濕的，媽媽差點整個人跌下去。」女兒看著我的腳，問我說：「需要我幫忙嗎？」

我想了想說：「叫樓梯跟這灘水跟我說對不起。」

聽到我這麼說，女兒有點疑惑，很不確定的再問我一次：「媽媽妳說什麼？」

我再說一次：「請妳叫樓梯，還有這灘水，跟我說對不起。」

女兒尷尬的說：「樓梯跟水，怎麼可能跟妳說對不起？媽媽妳在開玩笑嗎？」

我苦笑的問她：「這是不可能的事情嗎？」

女兒點點頭，我繼續說：「要別人做一件不可能的事，就是為難。就好像弟弟還不會說半句話，妳卻一直逼他，每次都要跟妳說『請問玩具可以借我嗎？』這樣就是在為難弟弟。」

女兒說：「媽媽要我教樓梯跟妳道歉，這件事情對我來說是不可能的事情，所以媽媽這個要求是在為難我。」

我點點頭說：「沒錯，要妳做這件事情，是為難。那麼，如果我要求妳一天念一百本英文繪本呢？」

女兒說：「也是為難。」

我點點頭繼續說：「寶貝，如果我要求妳一天念一百本英文繪本，是為難；明知是為難，還堅持而且強迫妳要這樣做，沒做到就不能睡覺，就叫做刁難。」

女兒點點頭說：「我懂了。」

我起身走下樓梯，回到客廳開始檢視傷口，女兒在一旁看，想了想我又繼續說：「寶貝，妳記得我怎麼教妳說謝謝的嗎？」

女兒搖搖頭，說不記得了，我回答她說：「小時候妳還不懂，我沒有強迫妳說謝謝，只是常常跟妳說謝謝，所以別人給妳東西的時候，妳就知道要跟別人說謝謝。但是那不代表妳知道謝謝的意思，就像妳現在教一歲多的弟弟說謝謝，弟弟真的知道那個意思嗎？」

女兒搖搖頭說：「弟弟不懂，我逼他就是為難或刁難。」

我點點頭說：「對，媽媽等到妳比較大了，大概三歲多的時候，給妳東西，妳沒有說謝謝，我才會說『原來妳不喜歡我送妳東西，我下次不送了！』『原來我幫妳忙，妳不開心，下次我知道了！』妳每次都會很緊張的說『媽媽我喜歡呀！』我才告訴妳，因為妳沒有說謝謝，所以我以為妳不喜歡。」

女兒的記憶好像被喚醒了，她點點頭。我告訴孩子：「謝謝，能讓別人知道妳看到他對妳的好，是一個很有意義、會很讓人開心的字喔！可是也必須等妳懂了謝謝的意思之後，說出來的才是真正的感謝。弟弟還不懂卻逼著他說，就只是刁難而已。」

我們家沒有安裝有線電視，後來想看新聞，才裝了天線看無線電視。為了準時收看華視播放的卡通，女兒總會在六點以前將功課完成。然而有幾天不知道什麼緣故，卡通不見了，取而代之的是重播的電視節目，一直反覆轉台尋找的女兒，無法接受這樣的狀況，一直問怎麼會這樣。

她反覆的跟我說：「怎麼會這樣？我要看多拉A夢，我要看多拉A夢，媽媽怎麼會這樣，可以變成多拉A夢嗎？」

我笑一笑，拿起電話，跟女兒說：「我幫妳查電視台的電話，妳打電話去問他們為什麼不播放卡通，好嗎？」

女兒聽了之後，搖搖頭說不要，這時候我就跟她說：「媽媽不是電視台的人，妳覺得妳一直跟我吵著要看多拉Ａ夢，我有辦法處理嗎？」

女兒搖搖頭說不行，我又接著說：「我做不到的事情，妳卻一直要我做，請問，這是不是在為難我呢？」

女兒聽完，點點頭說：「對不起，媽媽我為難妳了，這真的不是妳的問題。」

我抱抱女兒，說：「先去把妳今天要做的事情都完成，媽媽就給妳看我們有的卡通ＤＶＤ好嗎？」女兒終於笑了，點點頭。

那時候，我才懂，有時候孩子並不是無理取鬧，也不是求不到就會埋怨，孩子卡住的，是他根本不懂什麼叫做「為難」。當孩子可以理解為難的定義之後，我只要輕輕的說一句：「妳為難我了。」就可以讓孩子自己去判斷，這個要求是否合理。

如果孩子不懂為難的概念，就直接給孩子扣上無理取鬧的帽子，那才是真正的為難孩子了。

爸媽可以這樣做

* 當孩子懂了「為難」、「刁難」的概念之後，可以讓他們更進一步認識，明明是為難別人，還用吵鬧的方式，就是所謂的「無理取鬧」。

* 很多父母常常抱怨孩子無理取鬧，卻不知道孩子是以為「爸媽可以做到，只是不願意做。」所以鬧到父母妥協，如果孩子無理取鬧，不應該怪孩子壞，而是要去理解孩子「知不知道自己正在刁難別人」。

孩子不是頑皮，而是「不會分辨不同」

小小孩在公園跑跑跳跳爬上爬下，很開心，
在機場跑跑跳跳爬上爬下，卻會被制止；
在親子餐廳吃飽就可以下來玩，在一般餐廳吃飽下來玩就挨罵……
在孩子的成長過程中，他們必須自己摸索很多的不同。

我坐在告別式的一角，等著弔唁一位長輩，當時正在舉行家祭，家屬依照稱謂，依序上前向長輩告別。在這樣莊嚴肅穆的場合中，有位阿姨吸引了我的目光，阿姨的指甲上，塗著火紅的指甲油，雙手合掌跪拜時，手指上好幾顆大大的鑽戒，不合時宜的閃耀著光芒。

開始有人竊竊私語，唸著：「怎麼這樣參加喪禮？」「做事情也不知道看場合。」

後來我才知道背後的故事，原來那位阿姨年輕的時候，不顧所有家人的反對，選擇了自己的求學路，也為了與父母不同意的人結婚，而鬧得沸沸揚揚。在那個全家族都會到場的告別式，她滿手鑽戒，似乎只是想告訴所有的親朋好友：「當初你們的反對都是錯的，我現在過得很好。」

我忍不住想，這個阿姨到底是真的不懂，不同場合該有不同打扮？還是在她的認知中，那個告別式就是可以讓她揚眉吐氣的最佳場合？

引導孩子看「場合」

有一次，有位讀友告訴我，她加入一個不能打罵孩子、也不能在別人面前糾正小孩的團體。即使孩子們在公共場合亂塗鴉，團體也會說這是孩子們的創意，制止孩子，就是不尊重孩子的特質。她雖然覺得很怪，也只能默默忍下。

但是，當她自己帶孩子出門，孩子要在公共場所塗鴉的時候，由於沒有團體的人當靠山，她擔心若有旁人質疑，她會覺得理虧，所以只好自己先制止孩子。

這樣的狀況發生過幾次之後，孩子問她：「為什麼我跟那群孩子在一起的時候，做什麼都可以，跟媽媽在一起就不行？」

這個媽媽問我，是該制止孩子，教他們尊重公共財才對？還是要跟那個團體主張的一樣，尊重孩子，讓孩子發展他們的人格特質，所以不能制止？

我笑笑的說：「沒有人不讓孩子展現創意，只是你們為何不帶著孩子想想，在不同的場合，是不是該有不同的方式與作為？火車的車廂，是讓大眾隨意展現創意的場合嗎？孩子如果學不會看場合，那所謂的觀察能力，還能用在哪裡呢？就算是個名揚世界的藝術家，也不能隨意塗鴉吧？」

在孩子的成長過程中，有很長的一段時間，他們必須自己摸索很多的不同。小小孩在公園跑跑跳跳爬上爬下，很開心，在機場跑跑跳跳爬上爬下，卻會被制止；在親子餐廳吃飽就可以下來玩，在一般餐廳吃飽下來玩，卻會挨罵……孩子就是在那些被罵、被制止的過程中，經過很多的疑惑，才慢慢懂得哪些場合可以跑跳、哪些場合不能跑跳。

上述的例子，講的是「場合的不同」。孩子在音樂教室，可以開心的彈奏樂器，媽媽除了現場欣賞，還會錄影拍照分享給親朋好友看，孩子當然不懂為何晚上表演給加班後的爸爸看時卻會挨罵，這是「時間的不同」。

媽媽很愛孩子，喜歡跟孩子抱抱，等孩子大了一點，不管是誰，只要一開心喜歡就一把抱上去，卻被慢慢的疏離，孩子不懂為何大家排擠他、不跟他玩，這是「對象的不同」、「親密度的不同」。

不斷的觀察與對話

其實不只孩子不懂，很多大人也會在不適合的場合做不適宜的事情，在錯誤的時間做錯誤的行為，在不對的人面前講不對的話。例如自以為幽默，在女孩面前講黃色笑話、一開心就亂抱女孩；我也常常在話說出口之後，才反省自己是不是不小心說錯話了。

我在學習搞懂這些不同的過程中，付出很多代價。說錯話會惹來別人的反感；看錯場合、穿錯衣著，給人失禮的印象；看錯時機做錯事後，則要不停收拾善後。在學會分辨不同之前，我不斷受挫。

女兒還小的時候，有時候外出會隨意亂跑，我總會抱起孩子，帶著她環顧四周，告訴她：「這裏人好多，妳一跑被誰抱走，媽媽都不知道，妳覺得這裡是一個適合小孩跑來跑去的地方嗎？」

我也會在孩子如廁的時候，天馬行空的陪孩子聊天：「妳覺得廁所是吃飯聊天的好地方嗎？」正在培養大便情緒的孩子聽了大笑。

「妳覺得學校教室是脫衣服、換衣服的好地方嗎？」

「妳覺得馬路正中央是玩球的好地方嗎？為什麼？」

「妳覺得手扶梯規定不能奔跑，有道理嗎？原因是什麼？」

「請問火車的車廂是設計給孩子畫畫的地方嗎？」

「請問這個欄杆當初是設計給孩子玩的嗎？如果不是，設計師會將孩子的重量考慮進安全性當中嗎？」

我總在一次又一次的聊天過程中，帶領孩子去觀察，不同場合可以做哪些行為，

不同場合有哪些不同的限制，在不同的場合有哪些行為讓人覺得不適宜。

在女兒還不懂得「時間的不同」時，我帶她在半夜去看一家家打烊的店，我也帶她去看一間間熄燈的公寓，大清早我帶著她在公園旁邊看路燈熄滅。

我們家常常會問：「請問現在半夜十點了，是吹笛子的好時機嗎？」

「請問媽媽正在講電話的時候，是聽妳唱歌的好時機嗎？我不聽妳唱歌，是討厭妳？還是妳用錯時機請我聽妳唱歌呢？」

「媽媽正在幫妳搶訂遊樂園的門票，妳覺得我現在是該放下這個工作，陪你寫作業？還是趕快爭取時間搶票？」

女兒越來越大，我看著她為了玩遊戲，還是不設防的跳上朋友爸爸的背時，我就知道該教孩子懂得「男女的不同」、「親密度的不同」；當孩子想主導別人跟她玩一樣的遊戲時，我帶著她了解「人的不同」。

不同的人有不同的興趣，所以把原本要送給草莓的車車，拿去送給愛玩化妝遊戲的小姍，就是很怪，沒有辦法達到我們送禮物想讓對方開心的目的。當然也不是全部的人，都跟女兒一樣喜歡扮家家酒遊戲。

我常常在孩子的人際互動中，觀察、看懂孩子有哪些問題不懂，所以才會產生那些「不適宜」的行為。我不一定會當下制止，也不一定會吼罵，而是回家一次又一次帶著孩子在對話中、在互動中，開啟他們的觀察與思考能力，一次又一次的找不同。

孩子懂了之後，再也不需要制止

女兒小三這一年，我們跟另一家人去沖繩。回程時，因為搭的是廉價航空，我們到了機場才發現嬰兒推車必須託運，因此必須將打包好的行李，重新分配哪些要託運、哪些要手提。

四個孩子看著我們幾個父母，在報到櫃檯手忙腳亂又比手畫腳，兩個才兩歲半的孩子覺得無聊，開始滿場跑，不久竟演變成大小孩子都在報到櫃檯前展開追逐。

那時，我對女兒喊著：「寶貝，這是玩追逐遊戲的適當時機跟適當地點嗎？」

女兒回答我：「這不是對的時間，也不是對的地點，所以我要抓他們回來，可是我追他們就跑呀！」我回答：「既然這個方法反而讓小小孩誤以為妳在跟他們玩，

所以跑得更兇，不能達到妳的目的，那就要改變策略。」

女兒聽到我這樣說，就停了下來，走過來換她顧行李。這時剛好有機場的工作人員推了附有嬰兒座椅的推車經過，女兒看了，也去推了一台，讓我把兒子抱起來放入嬰兒座椅，解決了現場的一團慌亂。

我常常看到很多孩子莫名被罵，滿腹委屈，其實問題不在於孩子好動、皮蛋、顧人怨，而是孩子卡在無法分辨「場合的不同」、「時間的不同」、「人的不同」、「行為的不同」。如果連這些單純的不同都無法分辨，那麼不同場合的不同時間跟不同人，所產生的不同，就更難分辨了。

我不想讓孩子莫名被罵，也不想讓孩子每次被罵，就好像自己被否定。我只會淡淡的問：「請問這是適當的時機嗎？」「請問這是適當的場合嗎？」

慢慢的，我跟孩子之間的溝通，就不再需要制止。在每個提醒的當下，孩子會開始去觀察這些不同，也會去想想看媽媽提出問題後的答案。該嚴肅的場合我會嚴肅，即使在那通關的場合，我質問孩子，孩子也能夠理解我的嚴肅是因為「這是重要的場合與關鍵時機」，而不是只定義了「媽媽罵我」。

孩子很多時候不是白目，白目的孩子有時候只是卡住了，因為他們看不懂不同。

爸媽可以這樣做

✱ 孩子還小的時候，可以多陪孩子觀察「人的不同」、「時間的不同」、「天氣的不同」、「環境的不同」、「場合的不同」，也可以藉由問答，例如：「猜猜看，為什麼晚上不能在家裡打鼓？」「為什麼住在一樓可以跑跑跳跳，住在樓上就不行？」我們也會利用出國的機會，讓孩子找找「各國文化的不同」、「台灣沒有的東西」、「各國看法的不同」、「這裡的地鐵怎麼規劃的？」引導孩子思考。讓孩子練習在生活中觀察，並且訓練他們的分析能力。

孩子不是不聽話，而是「沒有畫面」

孩子腦中沒有夾到手的畫面，
他就永遠不懂為何當他玩衣櫥的拉門，爸爸媽媽要一直罵，
只會錯以為自己不被愛。

蔡媽媽有四個女兒，每一個女兒大學畢業後，都負笈美國繼續求學，每一個女兒啟程去學校報到的時候，一句英文都不懂的蔡媽媽，也會打包行李，陪女兒赴美。

蔡媽媽會去看女兒住的地方在哪裡、怎麼去學校上課；她會跟著女兒去超市採買，也會陪著女兒去倒垃圾，會看看附近有什麼商店、會經過哪些路；她也會去女兒的學校走走看看，努力記下這是什麼學院？圖書館又是在哪裡？

每一個孩子出發的時候，蔡媽媽總會走這一趟，即使有認識的人在那邊接應也一樣。我不解的問蔡媽媽：「孩子都大學畢業了，自己申請學校、自己聯絡租屋，自己跟同鄉會聯繫，這麼有能力，怎麼妳還要跑這一趟？」

我記得蔡媽媽那時候回答我：「我要自己走過呀！這樣她打電話回來，跟我說她今天在圖書館怎樣，我腦子裡面才會有圖書館的畫面；她說她等一下要去超級市場，我就可以想像她怎麼走出公寓、開車經過哪些地方、怎麼逛超市。有畫面可以想，才能跟她聊，這樣我就不會胡思亂想了，去過才會有畫面呀！」

那時還年輕的我不懂，腦中有沒有畫面，對媽媽來說有多麼的重要。

當媽媽後，我遇過很多媽媽。曾經有一個媽媽剛剛生完老二，婆婆將老大接回婆家玩，到了傍晚，媽媽打電話去婆家，沒人接電話，再打手機給婆婆，婆婆說她臨時去辦事情，媳婦問：「那孩子呢？」

婆婆說：「我要出門呀！想說妳在坐月子，不好把他帶回去給妳，剛好巷子口的阿好姨帶孫子要出去，我就叫她一起把哥哥帶去玩了。」

這個媽媽聽了，整個人快暈倒，問婆婆：「那妳有阿好姨的電話嗎？她帶小孩去

哪裡？」

婆婆說：「我哪有她的電話啊！反正她家住哪一間我知道呀！我怎麼知道她會帶孩子去哪裡，帶孩子不就只能去公園嗎？」

這時候媳婦崩潰了，生氣的大吼：「出了事情，知道她家在哪裡，有什麼用？」

這件事讓這個正在坐月子的媽媽，抱著新生兒在婆家附近的公園找了一下午，也種下了媽媽產後憂鬱的病因，更讓她與公婆結下一個怎麼也解不開的誤會。

這個媽媽的暴怒，惹火了婆婆。只是當了媽媽之後，我們才懂，當自己的腦海中沒辦法想像，自己的孩子現在在哪裡、跟誰在一起、那個人值不值得信任時，心中會有多慌。

婆婆認識阿好姨，知道她家在哪裡，也跟她一起帶孫子去公園玩過，她腦中可以想像，所以可以安心；但是對媽媽來說，那是一個腦中沒有畫面的名字，媽媽的慌，在那最虛弱的時候，衝到最高點。

腦中沒有實際的畫面，就會有一堆想像的畫面，折磨著媽媽的心。

沒有畫面，孩子就無法理解

兒子一歲多的時候，很愛看電視，我總是打開電視之後，抱著孩子去坐在遠處的沙發，然後指著電視、再指著孩子說：「看電視、要坐好。」「看電視、要坐好。」

當兒子一離開沙發，我就會用遙控器把電視關掉，然後說：「看電視、要坐好。」等孩子回到沙發上坐好，我才會再打開電視，一次又一次。每次姊姊都會很緊張，因為她也想看電視，一次次的開機、關機，會影響她看電視的連續性，所以她很急著想要讓弟弟趕快學會「看電視、要坐好。」

因為女兒很急，所以學著其他大人說：「看電視要坐好，太近眼睛會壞掉。」

聽到女兒這樣說，讓我想起曾經有讀友問我，兩歲多的孩子看電視總是坐太近，不管她怎樣告訴孩子「這樣眼睛會壞掉」，孩子就是沒辦法跟電視保持距離。

那時我回答那位媽媽，孩子腦中對「壞掉」的畫面，可能只有「玻璃破掉」，他沒有看過有人近距離看電視，結果「眼球破掉」的畫面，所以媽媽喊幾百次「這樣眼睛會壞掉」，孩子也無法理解。

壞掉，有很多種狀況，孩子不一定都懂。對孩子來說，有些壞掉是「破掉」；有些是「撞爛」，有時候是「不能用，丟掉」。而看電視眼睛會壞掉，說起來其實是因距離太近，影響焦距，慢慢使「眼睛功能減低」，甚至「喪失部份功能」。

父母用來制止孩子的話，在孩子的腦中沒有畫面，所以無法理解與認知，自然無法達到父母想要達到的目的。

就像是，孩子腦中還沒有「上班」的畫面，我們跟孩子說「我去上班」時，孩子的定義就是「爸爸媽媽從眼前消失」，一開始可能會難過大哭，時間久了，好像習慣了這個人隨時會消失，也不是真正理解父母「上班」的定義。

如果孩子腦中沒有「關門」的畫面，他就不能理解媽媽為何一直罵「再拖拖拉拉的，遊樂園都要關門了。」他只知道媽媽一直罵他。

如果孩子腦中沒有「夾到手」的畫面，他就永遠不懂為何只要他一玩衣櫥的拉門，爸爸媽媽就會罵他，而錯以為自己不被愛。

如果孩子腦中，只有「玻璃杯破掉」的畫面，他自然無法理解，騎腳踏車撞到大片的落地玻璃，會有多危險。

我這樣做，給孩子畫面

兩歲半的兒子在娘家三樓的床上蹦蹦跳跳，老公試圖制止，便罵兒子：「外婆在樓下睡覺，你這樣會吵到她，叫你不要跳，有沒有聽到？」我會提醒他：「你要不要先教兒子懂什麼叫樓上、樓下？他在樓上跳，怎麼會知道外婆在樓下很困擾？」

小小孩腦中沒有畫面，我便帶著他去現場看，站在我的高度看。兩個孩子我都曾經抱得高高的，讓他們去看看什麼叫做紅燈停、綠燈走，我也會帶著他們，在家中地板用大海報畫馬路、畫車子，讓孩子試著思考為什麼路上需要紅綠燈。

我也曾經好幾次，在路上遇到修馬路的時候，就帶著孩子停在一旁，看施工人員怎麼挖路、怎麼填土，一待好幾個鐘頭。

等孩子大一點，懂得事情越多越複雜，有些畫面不容易現場看時，我便上網搜尋影片，讓孩子看撞破整片玻璃時，玻璃是怎麼碎裂的，如果人在下方，會不會危險？為什麼有危險？該如何保護自己？

女兒八歲這一年，我帶孩子出國好幾次，第一次回國的時候，我請孩子將出國的

流程畫成一張圖，才發現孩子腦中有畫面，卻不連貫。

例如，出國前孩子只看到要整理行李，通關的時候只記得行李轉帶，腦中沒有連貫的出國通關流程，只知道要跟著爸爸媽媽走。於是，我用畫圖的方式，將她腦中的片段，串成一個完整的流程，她才知道出國該如何準備，去到機場有哪些流程，各是怎麼設計，原因又是如何。每個片段終於在她腦中連成一貫的流程圖。

再下一次出國的時候，女兒一到機場就會說：「先找告示牌，看看我們的飛機在第幾個報到櫃檯？」也會在報到後，跟我們說：「先入海關再去吃早餐好了，這樣比較不怕等一下要排隊，來不及去兒童遊戲區玩。」

在我每次陪著她觀察的時候，慢慢的養成了女兒的觀察能力，她也慢慢的能把片段的畫面連成流程，把每個觀察與思考，變成一段她口中的故事與分享。學會認字之後，她也慢慢的能把她的想法，化做一篇篇的文章與圖畫。

有畫面，就能安心

現在的我，終於懂得蔡媽媽的意思了！當孩子回家跟我分享，在學校的那個角落看到大蜈蚣、在哪裡找到一個隱密的秘密基地、在哪裡跟哪幾個朋友分享自己帶來的餅乾時，我也會開始在腦海中，搜尋孩子學校的畫面，想像著孩子們的生活，這是一種開心與理解，也是一種放心。

而女兒也知道，當她要自己搭車回家的時候，公車會經過那幾個地方、會過幾站、會停靠哪幾站，而她的母親又會在哪一個站牌下，等她下車；如果找不到媽媽，往前走多少步，會有個公共電話亭；如果公共電話故障了，哪邊可以找到警察局……因為腦中有畫面，因為知道自己有能力處理狀況，孩子才能安心的往前走，而不是一直在恐懼中摸索。

孩子小的時候，我懂得孩子腦中沒有畫面，必須給孩子能理解的畫面，再來談，不然所有的溝通只是空談；我也懂得在孩子張開眼睛的時候，我該給孩子什麼畫面，映入他的眼簾；在公園裡玩，孩子轉頭過來看著我的時候，我又希望在孩子的

腦海中，留下什麼屬於媽媽的畫面。

印在我腦海中孩子的畫面，印在孩子腦海中屬於媽媽的畫面。

爸媽可以這樣做

✱ 有很多人問，怎麼看懂孩子？其實對我而言，我會在看孩子的當下去想想，當他做這件事情的時候「腦中的畫面到底是什麼？」這時關鍵便是「角度的不同」，例如：以大人的角度逛街，可以看到商品陳列與行進動線，而孩子因為身高，只能看到陳列架的下方，所以很容易在賣場中橫衝直撞。適時引導孩子轉個角度、換個高度來看事物，有助於孩子全面性的了解環境與狀況，自然比較能理解父母說的意思。

孩子不是沒大沒小，而是「以為父母永遠會原諒他」

年少的我知道我的態度跟話語很傷父母，
卻仍如此恣意、如此理所當然，因為我們不相信我們會失去，
總以為人生還有機會被原諒。

女兒快六歲時，有一次開心的跟朋友們在游泳池游泳，我在岸邊看著。忽然間孩子在游泳池裡面大哭起來，邊向我走過來，我不在意孩子身上的衣服有多濕，在她走到我面前的時候，伸開手臂抱住她。

女兒哭得很傷心，我一句話也沒說，緊緊的擁抱並低頭貼著她的頸肩，等她哭完。慢慢的，她的哭聲越來越小，我才抬頭問她：「怎麼了？可以告訴媽媽嗎？」

女兒一想起來又哭了，她邊哭邊說：「我昨天新買的泳鏡不見了，我一直找都找不到，好像掉進水裡面，不見了啦！」

女兒一直哭，我繼續抱著她，在她的耳邊說：「寶貝，這種感覺叫『失去』，失去一樣東西的時候就是這樣的心情，媽媽懂這種感覺很難過，媽媽陪妳。」聽到我這樣說，女兒安心的抱著我，哭到心情平復後，在朋友的呼喚下又繼續下去玩。

回家的路上，我們兩個人手牽著手，我問女兒：「心愛的泳鏡不見了，很難過吧？」聽我這麼說，女兒的眼睛不自覺又泛了淚，我緊緊地握著她的手說：「東西不見了很難過，這種心情記住了嗎？每個人都會有這種心情。」女兒抬起頭來說：「真的嗎？」

我點點頭說：「真的！可是心情這種東西，就像感冒一樣，感冒的時候很痛苦，但是過一段時間，或許連治療都不用，就會好了。就好像妳本來很難過很痛苦，後來還是跟朋友玩得很開心，對不對？」

女兒點點頭說：「對！」我笑笑的說：「情緒就是這樣，會來也會走，以後不希望這麼難過，我們就想辦法，學著不要弄丟東西，好不好？」女兒點點頭說：

「好！」

這幾年很多人推崇體驗教學，可是，我認為最好的體驗教學不是去採柿子、抓螃蟹、踩水車；對我來說，最重要的事情是生活中的每個經驗。陪著孩子在每個當下去體驗「這個叫開心」、「這種感覺很不舒服」、「這種感覺叫嫉妒」、「這種心情是因為被誤會」、「這種感覺叫失去」，我總是一次又一次的引導孩子將當下的體驗，化成語言與文字，讓他們好好的敘述當下的感受，再去思考後續的應對。

我一路陪著女兒經歷過很多次失去，心愛的公主寶盒少了一個小零件，女兒邊哭邊沿路找；因為自己太慷慨，被人一口氣拿走一堆車車，她哭著去請求對方還給我們；不小心被弟弟撕下的課本，她邊哭邊看著我怎麼黏回去。我常常告訴女兒：「當妳會為了失去一個東西而哭泣時，那個東西對妳來說，就是重要的。」

女兒在成長的過程中，有時候在外面學到一些不好的話，我除了告訴女兒話語就像根刺，會刺進別人的心中，也會用遊戲的方式，和女兒練習用不同的語氣與態度，說同樣一句話，再討論喜歡別人用哪種語氣對待我們。因此，在我家不常聽到孩子說傷人的話，或是以討人厭的態度與語氣說話。

只是，這些良好的態度與語氣，女兒用在我的身上機會多，用在她父親的身上比較少。女兒一直很懂她的父親有多愛她，有時候父親大聲一點罵她，女兒只要一嘟起嘴巴，先生就馬上心軟，為了這件事情，我常常唸先生是女兒奴。有一次，先生不知道提醒了女兒什麼事，女兒很不耐煩的說：「我知道啦！你很煩耶，討厭！」然後關門回到她自己的房間。

先生跟女兒的互動，我看在眼裡，先生摸摸鼻子就算了，我卻站了起來敲女兒房間的門。先生看我這樣，還補了一句：「不要罵她，我們小時候也對爸媽這樣過。」先生的話讓我陷入沉思，女兒明明懂得該用什麼語氣與態度說話，為何還要這樣對父親？當女兒知道語氣會傷人、態度也會傷人的時候，怎麼會選擇用這樣的武器傷害自己的父親？

女兒開門後，我走進去坐在她旁邊。女兒還在生她父親的氣，我則沉默的想著年少的時候，有多少次我也像這樣對父母摔門，用很難聽的話語、傷人的態度傷他們。那時候我到底在想什麼？我覺得父母不聽我說話，以為這樣就可以宣洩我的不滿，可是事實上別人看到的是我在發脾氣，而不是表達不滿。

我想著女兒其實也知道，她的所有不滿都可以用比較好的語氣與態度說出來，她明知父母是可以商量的，為何還是這樣？我想起曾有很多父母告訴我，他們的孩子對朋友的態度都很好，對父母的態度都很不好，問題到底出在哪裡？

想著想著，我忽然有點懂了，慢慢開了口說：「寶貝，你剛剛對爸爸好兇喔！」女兒說：「我知道，可是我真的很氣呀！一直講都講好幾遍了。」我問：「你覺得他一直提醒妳同一件事，背後的動機是嫌妳爛？還是希望妳更好？」女兒嘟起嘴巴說：「希望我更好，可是真的很煩。」

我笑笑的說：「因為他擔心啊！他不知道怎麼處理心中的擔心，只好不厭其煩提醒妳呀！媽媽講故事給妳聽，好嗎？」一聽到有故事聽，女兒馬上點點頭，我就說了一位朋友的故事給孩子聽。

我那位朋友，從來不講一句傷人的話，不管誰在批評別人或講哪個人壞話，他總是在一旁靜靜的不接腔。我們以為他自以為高尚，不屑我們這種說人是非的行為，所以後來也慢慢的不跟他說話，有時候還會批評他，而他聽到了也只是笑笑，從來沒反駁。

一輩子的後悔

畢業多年之後，有一次聚會再遇到他，我們笑談以前的種種，我虧他說：「你以前最假了啦！講話都文質彬彬的，不傷人。」他的臉色忽然間嚴肅了起來，他說：「高中的時候，有一天我要出門上課，我媽怕我冷，一直要我多穿一件衣服，我不要還硬塞給我，於是我就罵她囉唆、煩死了，還說『妳是聽不懂我說的話嗎？』就衝出門上學了。」說到這裡，他停頓了一下，又說：「那些話就是我這一輩子最後一次跟她說的話。」

聽到這裡，我輕輕的說了一句：「對不起！」他苦笑的說：「從那一天開始，我只要想到我媽，就是想到我罵她的那些話，我幻想好幾次倒帶，看看可不可以改劇本，但是都沒辦法。我很後悔，所以告訴我自己，絕對不要再說出會讓自己後悔一輩子的話。」

朋友的這一番話，讓我想起來我也曾說過後悔一輩子的話。阿嬤住院的那段時間，我買了市面上剛推出的優酪乳給她吃，沒吃過這種產品的阿嬤一直說「這臭酸了！」我卻堅持那對腸道很好，對阿嬤的身體很有幫助，不管她怎麼說，我還是繼續餵，還跟她說：「阿嬤，妳不懂啦！這是新東西，妳一定要吃，妳就是都不懂啦！」那時，我忘了沒進過學校的阿嬤，一個字都看不懂，我也忘了她最不喜歡別人說她「不懂」。

出院一個多月後，阿嬤就過世了，隨著時間過去，我逐漸淡忘我跟阿嬤的所有互動，只有那句「妳不懂啦！」伴隨著阿嬤受傷的眼神，這麼多年來，從來沒有在我的腦海中消失過。

我跟女兒說完這兩個故事後，心情也變得很低落，女兒走過來緊緊的抱住我，我摸摸她的臉頰，告訴她：「寶貝，失去一樣東西很痛苦，但是再痛苦都比不上失去一個人，妳覺得這世界上有沒有誰，如果妳失去了他，會很痛苦很痛苦的？」

女兒點點頭說：「有，就是爸爸、媽媽、弟弟。」我笑笑的說：「會失去的，不只是東西，還有人。難過總會過去，後悔與愧疚卻會跟著妳一輩子。媽媽的朋友不知道他那天會失去他的母親，所以罵得很直接，那一句話讓他愧疚了一輩子；我知道我的阿嬤身體不好、人也老了，可是不知道她這麼快就會離開，以為她就算生

病，躺在床上，也會等我長大懂了我傷到她，回去跟她說聲對不起。」

知道會失去，才懂得珍惜

女兒低著頭不說話，我繼續說：「媽媽每天抱著妳，跟妳說我愛妳，我沒有打罵過妳，如果妳有不懂的地方，我就一一帶著妳弄懂，妳知道為什麼嗎？因為我不希望，有一天妳想到我的時候，想到的是我罵妳的樣子，或是我傷害妳的語言，懂嗎？」

女兒點點頭說：「我懂了，我會跟爸爸道歉，我也不希望跟妳朋友一樣。」我笑著摸摸她的頭，女兒就跑去跟她父親撒嬌，邊講還邊流眼淚。先生不懂我到底怎麼教的，以為孩子被我罵到哭，抱著孩子說：「沒事，爸爸又沒怪妳，不要哭！」聽到先生這樣說，女兒就哭得厲害了。

那時候我才懂，女兒卡住的不是她不懂語氣會傷人，年少的我也知道我的態度跟話語，會讓父母很傷心，但是我們傷得如此恣意、如此理所當然。因為我們不相信我們會失去，我們總以為人生還有機會被原諒，而父母就該理所當然的包容與原諒我們。

孩子活在當下，也誤以為當下就是永遠，現在的當下，永遠都不會變，他們不知道人生是流動的、瞬息萬變。人總是在懂得人生會失去之後，才會去珍惜每個當下，讓每個當下過得更精彩。

現在的我，還是改不了脾氣，覺得母親不合理的時候也會頂回去，但是，我再也不敢倔強的好幾年不跟她說話了。有些話說過就忘，有些話背在身上就是一輩子。

話語沒有重量，卻會壓著人生，讓你走到喘不過氣來，孩子們還小，不懂得這個道理。

* 孩子的對話常常是大人的翻版，你怎麼跟孩子對話，孩子就怎麼跟別人對話。孩子長大之後，才會知道說話方式不對，會影響人際關係，在外面時努力忍耐，回家就發作在父母身上。

* 孩子活在當下，不知道失去就不懂得珍惜，所以對親近的人說話會更不客氣。如果發現孩子有類似的狀況，父母可以參考一些生死觀的資料，跟孩子探討這方面的話題，並將自己的想法傳達給孩子知道。

part 2

情緒卡卡，哪裡有問題？

處理孩子的情緒問題，
光有「同理心」，是不夠的！
孩子卡住的心情沒有解，
父母再怎麼安撫，都沒有用；
孩子卡住的癥結沒有處理，
未來只會引爆更大的問題。

當孩子感覺委屈

孩子看不到我的「配合」，卻常常看到我的「不配合」，
在別人不配合的時候生氣大哭，
在別人配合的時候覺得理所當然……。

有位媽媽跟我分享一個經驗。某次她四歲的孩子，跟史英老師共度一個下午之後，史英老師若有所思的跟媽媽說：「有很多孩子，很容易看到別人的不配合，像是大人不買玩具、大人不願意帶他出玩等等。孩子總是可以在被拒絕的當下，看到什麼叫做不配合；可是，他們卻很難看到別人的配合，想吃冰淇淋就有冰淇淋可以吃時，只感受到冰淇淋帶給他的快樂，卻看不到父母為了他耽誤或犧牲了某些事情。」

這一個小故事，解開了我許多疑惑，也幫了我非常多忙。我想，我從小到大常常也只看到別人的不配合，看不到別人的配合與犧牲。

年少的我，當母親為了婚姻哭泣，當父親細數著，我們這些孩子花了他多少錢，我只看到他們的抱怨，看到他們婚姻與事業的問題，對我造成的困擾；看到父母沒有配合我的成長，給我心中想要的那種父母。

我也看到，他們對我的層層設限，當我想出去玩的時候，不能出去；卻沒有看到，我的母親為了三個孩子，有多少年沒有單獨出門，跟朋友好好吃頓飯。

我抱怨著別人的媽媽會送熱騰騰的便當到學校，而我的母親不行；卻沒有看到母親努力工作，只為了讓我們多學一點才藝，多一點機會能念自己想念的學校。

我抱怨著父親讓一家吵吵鬧鬧，沒有看到父親滿腔想要一展商業長才的熱情，卻為了三個孩子，每天做著日復一日一成不變的工作，埋沒自己夢想的痛苦。

我抱怨著父母的「不配合」，卻沒有看到父母的「配合」。

我抱怨著假日無法出去玩，卻沒想到父母工作了一整個星期，其實需要好好的休息。為了要給孩子一個美好的童年，沒有屬於自己的時間，沒有屬於自己的興趣，沒有屬於自己的想望，凡事配合孩子的需求，幫孩子打點一切。

就連出遊時，我們抱怨著今天去的地方不好玩，沒買到自己想要的東西，卻沒看到父母帶著三個孩子出門，需要多少的專注力，才能確保孩子的安全，並且滿足孩子大大小小的需求。

我始終只看到父母不如我意的地方，卻沒看到父母為了孩子，做了什麼。一直到我自己也做了母親，我才看懂藏在他們倔強的話語後面的父母心。我總算體會到，我的父母是用什麼方法在配合我們，而那些當初以為的理所當然，其實是他們犧牲許多，所做出來的抉擇。

刻意展現父母的配合

當上母親後，我發現，對於我的「配合」，孩子總是視做理所當然，卻對我的「不配合」據理力爭，用盡方式抗議。

孩子餓的時候，母親理所當然該奉上食物；孩子用完餐，母親理所當然要洗碗；

外出時，母親理所當然要幫孩子帶水杯；孩子想要玩具時，母親理所當然要買給她；孩子想要投飲料的時候，母親更是理所當然，要自動拿出硬幣。

孩子看不到父母的「配合」，卻常常看到父母的「不配合」，不如意的時候就生氣大哭。這些年，看過一個又一個的孩子，也看過一場又一場的親子衝突，我逐漸了解了，許多孩子卡住的，就只是他們一點都看不懂別人的配合。

從孩子三歲半開始，我會在出門之前，用勉為其難的表情，告訴孩子：「其實媽媽今天不想出門，不過因為妳很想很想去公園，所以媽媽只好配合妳，帶妳去公園。所以回家的時候，可不可以也請妳配合我，讓我繞去有機商店買一些食物？」

在孩子堅持要吃義大利麵的時候，我們會告訴孩子：「我知道妳很愛吃義大利麵，不過爸爸一點都不喜歡吃，而媽媽雖然也喜歡吃，但是為了配合妳，也已經吃太多餐了，好想吃點別的東西。今天，可不可以請妳配合我們吃火鍋大餐，我們會幫妳準備妳喜歡吃的燙青花菜跟滷肉飯，好嗎？」

我們總是會很仔細的說明給孩子聽，告訴他們，哪些時候是大人配合他們，而大人有時候也需要他們的配合。於是，當我需要女兒配合的時候，只要說：「可不可以請妳配合一下呢？」她多半會答應。

甚至有些時候，我不用說，她也會抱著我，跟我說：「媽媽，謝謝妳陪我去玩那個電動摩天輪。」「媽媽，謝謝妳！我知道妳今天有點頭痛，還帶我出去玩。」

女兒八歲的那一年，先生的身體出了點狀況，我們常常跑台中找醫生針灸。女兒知道父親的狀況，即使常常要在診所枯燥的等待，犧牲自己的假期，有時候甚至會耽誤功課，她也從來沒有怨言。

有時候在診所拖太久了，晚餐很晚才吃，女兒還會開心地說：「謝謝你們帶我來吃我喜歡的麵。」她也會在漫長的等待中，陪著年紀還小的弟弟玩。有一次，實在等得太晚了，我跟孩子說：「抱歉，讓你們餓了！」女兒回答我：「媽媽，妳陪我們出去玩的時候，也是很無聊在旁邊等，也是會餓呀！妳也沒有埋怨過。」

女兒的這一段話，讓我覺得好窩心。我在配合孩子的過程中，採取什麼樣的態度，孩子便會在配合父母時，展現一樣的態度。配合孩子的需求，帶孩子出去玩的時候，我很甘願，也很投入，不會一直抱怨碎碎念，所以孩子在配合我的時候，也是心甘情願。

心甘情願，相互尊重

我們在孩子不配合的時候，示範如何尊重孩子的意見，也示範如何討論與協調，我採取的是尊重的態度，有時甚至會刻意雀躍的告訴孩子，「太好了！我尊重你的不配合，下次換我有需求的時候，你也要尊重我的不配合。」

隨著孩子的年紀越來越大，我也漸漸在孩子與朋友的互動中看到，我處理孩子不配合時所採取的態度，展現在孩子身上。

孩子除了要看懂別人的配合，也要學習如何去面對別人的不配合。當別人不願意配合自己，一起玩自己想玩的遊戲時，該怎麼辦才好呢？當別人不願意配合自己，將玩具拿出來借給自己玩的時候，又該如何面對自己的情緒？如何尊重別人的拒絕權？而又有多少人跟孩子一樣，即使年紀漸長，看懂別人的配合這件事，卻依舊這麼的難。

我想，這或許是我們一輩子的功課。要看懂得別人的配合，看懂那背後滿滿的愛與善意；也要看懂別人對我們的不配合，看懂別人的不配合背後真正的想法。

學會如何互相配合，學會在不委屈自己的狀況下，配合別人；也學會在配合與不配合中，找到平衡點。學會尊重別人的不配合，也懂得說服別人配合。

* 要先累積一些機會，協助孩子看到並理解父母的配合、兄弟姊妹的配合。
* 讓孩子先看到別人的配合，看到別人配合時的態度，之後需要孩子配合別人的時候，便可拿出來舉例；如果孩子覺得一直都是他在配合別人，就必須讓他將之前的委屈講出來。

當孩子沒有安全感

一個孩子不管做什麼，父母都不會看他，
這樣的孩子經得起幾次母親忙碌而造成的忽視？
當他一次又一次慢慢地心死，又要怎樣面對學習？

有個孩子曾說過一段話，讓我每次想起來，心裡就一陣酸楚。

認識這個孩子到現在快半年了，當初有人告訴我，這個孩子有一點點學習障礙，而且學習意願非常低落。許多人說那是語言太多元而造成的中文理解困難，可是我看著孩子，心想「這個孩子講話時，怎麼不看別人的眼睛？」

這個講話時不看別人眼睛的孩子，上課時也不會直視在他眼前講課的老師，即使老師握著他的手寫字，他的眼神也飄移不定。我忍不住想，這孩子到底是眼睛有散光或近視，還是弱視？為何不會聚焦？

再忙，都要記得給孩子一個愛戀的眼神

孩子的母親很忙，卻堅持幫孩子做三餐、帶便當，也很積極地幫孩子找課程、找資源。母親付出很多，對於孩子的狀況，她努力找尋答案，常常見她來去如風，急著帶孩子趕往下個地方，很辛苦，很愛孩子。只是好像一直找不到方法。

那天，我看著一群孩子學習新技能，所有孩子都開心地參與其中，只有這個孩子百無聊賴的趴在桌上。我走到孩子面前蹲了下來，跟他聊天：「你怎麼不練習呢？學會了，可以讓哥哥看看你的厲害呀！」

孩子看到我正注視著他的眼睛，眼神開始閃躲飄移。他回答：「我哥哥才不會理我！」我想想，兄弟倆年紀差距頗大，的確玩不起來，哥哥大概平常就不太理他。

於是我又說：「那學會了，可以回去表演給媽媽看啊！」

孩子一邊躲著我的眼神，一邊幽幽地說：「不管我做什麼事，媽媽都不會看我

的。」孩子的眼神更黯淡了，而他脫口說出的這句話，像一根尖銳的針，直直刺進我的心裡，頓時之間，我好想哭。

我想起小時候，父親的車子在出遊時突然壞掉了，好像是排氣管撞壞的樣子，整輛車在行進間，持續發出一種類似放屁的聲音。那時，我坐在車子後座的正中央，三個孩子都因為那個聲音而哈哈大笑。忽然間，我從後照鏡中，看到父親正狠狠瞪著我，那是一種極度憤恨的眼神，讓我心驚。那個眼神給我的恐懼，一直到現在，我都沒忘記。

這是我這輩子唯一有印象，跟父親的眼神接觸。我想到父親那個眼神中的憤恨，再看看眼前這個孩子，我終於懂了，忙碌的母親幫孩子做了好多好多，卻忘記要停下來看看孩子，忘記用一種愛戀的眼神，看看孩子。

如果一個孩子不管做什麼，父母都不會看他，那種雀躍呼喊著「媽媽，你看！」的熱忱，經得起幾次母親因為忙碌而造成的忽視？當熱情一次又一次被澆熄，孩子慢慢的死心，這樣的孩子要如何面對學習？

常有人說，我不笑的時候看起來有點可怕，女兒小的時候，也常常被我的嚴肅嚇到，為了這件事情，我跟女兒培養了一個默契，如果她在玩的過程中回頭看我，我可能因為快熱昏了，所以表情有點嚴肅，不代表我在生氣，也不代表我不愛她。我們甚至還有一個共同的暗號，可以隨時隨地告訴對方「我愛你！」

而且，不管怎樣，我總會在睡前用充滿愛戀的眼神，看著她，問她：「好奇怪喔，為什麼我會這麼愛妳呢？」

女兒從小就會在家裡搞怪，把自己打扮得令人瞠目結舌，站在我們面前宣布：「大家坐好，我要開始表演了喔！」那時候我跟先生總會配合她，扮演最忠實的觀眾。我們坐在沙發上，看著她唱著不成調的歌，跳著她最新的舞步，傻父傻母凝視女兒的眼神，就像在看一個深愛的情人一樣，如此的愛戀與嬌寵。

我會在她說「媽媽，我跟妳說喔！」的時候，轉過頭去，認真的看著她，說：「妳說，媽媽在聽。」然後專心傾聽她用不同階段的語言能力，努力的訴說。

孩子習慣看著我的眼神說話，習慣從我的語言結合表情，理解我想傳達的意思，不管是有說出口的，還是沒說出口的。而這樣的練習，對於她未來的學習，也非常重要。

孩子的眼神裡，是否有光彩？

孩子入學後我才發現，學校裡有好多孩子無法看著別人的眼神說話，不敢直視別人的眼睛，講出自己的想法。有的孩子，甚至連看站在正前方的老師講解、理解老師的意思都有困難，而一有困難，人就無法專注了。

也有很多孩子，只要我蹲下來看著他、跟他打招呼，他的眼神就會飄走；另外也有些孩子，看到我看著他，就像得到鼓勵一樣，劈哩啪啦一直講一直講，我因此交到很多新朋友。

有了兒子之後，我常常躺在他的身邊，愛戀地看著他。兒子被我這樣注視的時候，所展現的表情，就讓我想起初戀時，發現男孩用不同的眼神看自己時，那種甜甜的感覺，確實感受到自己被喜歡、被愛。

我坐在沙發上時，會抱著兒子，讓他坐在我的肚子上，四目相對跟他聊天；當他在路上討抱的時候，我也會用愛戀的眼神抱抱他。兒子的語言發展，得到源源不絕的鼓勵，兩歲三個月大時就可以講一堆事情給我聽，又是演又是講的，每天說個不停，跟姊姊常常在家中又唱又演。而我每次看著他們展現他們的「才能」時，總是笑到眼睛都瞇起來了。

在當媽媽的過程中，我看到很多父母可以大談各式各樣的教育理念，卻從沒注意到孩子的眼神早已經失去光彩，甚至帶有許多的憤恨；我也常常看到很多父母，努力的為孩子付出許多，然而在面對孩子時，眼神中卻帶著嫌棄或恐懼。我常想，在那種父母眼神下長大的孩子，內心的傷有多重？

甚至有些家庭，孩子小時，大人太忙，忽略了要蹲下來看看孩子的眼睛，也忽略了要邊看著孩子，邊聽他說話；等到孩子大了，身高追上大人時，父母才赫然驚覺，孩子的眼神怎麼令人如此害怕？

有時候會看到有些孩子，眼中充滿對父母的不以為然；有些渴望著愛，卻求不得的孩子，眼神中的哀傷，令人心碎。

那個說出「不管我做什麼事，媽媽都不會看我」的孩子，讓我心痛，我也才真的懂，他不會看著別人說話，也不會從別人的講解中學到東西，原因是他從沒有被母親真正的「看」過，而讓他誤會自己不被愛。

那天，我怕他尷尬，儘量避著他的眼神，我告訴孩子如果他學會了，我會給他一個很大的鼓勵，一開始他不以為然。但是，我耐心的在一旁協助他完成操作，然後陪他搞笑嘗試各種可能玩法，他剛開始覺得不可思議，想說怎麼會有個大人半蹲在桌子前面，跟他們這群孩子玩這麼久。我一直陪他玩到整個笑開，陪到他覺得他學會了一個新東西，超級厲害，喊「ＹＥＳ！」

直到那一刻，我才真正看懂這個孩子的問題，學習障礙其實並不存在，他缺乏的是有一個人可以好好地看看他、好好地看著他說話。

他最需要的不是什麼練習寫字的教材，而是一個大人無條件的愛戀眼神。一個好好看著孩子的眼神，一個帶著父母愛戀的含笑眼神，一個可以讓他得到肯定的眼神，一個讓他可以學著怎麼看著別人講解，看懂別人說話的眼神注視。

＊眼睛無法看著人說話的狀況，很容易出現在排行比較後面的孩子，父母在孩子多的時候，可能忙得團團轉，日常生活中不斷的趕行程，只有在開車或搭乘交通工具時，才有空跟孩子對話，導致孩子少有機會練習「看著別人的眼睛說話」。

＊華語的溝通中，有很多的意思需要配合表情，我常跟孩子玩一種遊戲，用各種不同的表情，說同一句話，讓孩子了解同一句話用不同的表情傳達時，意義有什麼差異？例如：孩子問可不可以吃糖果，我會用斜眼的表情、眼露凶光的表情、眼角含笑的表情、咬牙切齒的表情、溫柔可人的表情說：「可以呀！妳可以自己決定。」

當孩子覺得父母偏心

看到女兒受傷與不甘願的表情，我忽然懂了，女兒根本不懂為什麼我會在那個當下馬上丟開她的書，去抱弟弟。對孩子來說，那就是「媽媽拋下我去顧弟弟」，也等於「媽媽被弟弟搶走了」。

兒子兩歲多的時候，開始如廁訓練，在家的時間都穿著學習褲。兒子很喜歡穿學習褲，卻還不太懂得要在如廁前跟媽媽說。有一天，我正在忙的時候，眼尖注意到，正在玩玩具的兒子做出半蹲姿勢，我馬上喊：「爸爸，弟弟要大便了，快抱他去廁所。」

誰知先生慢條斯理地走過來，對兒子喊著：「玩具放下，我們去廁所！」正在內急的兒子哪聽得進爸爸的指令，繼續沉浸在如廁的情緒中，先生不死心，堅持反覆的說著「玩具放下！」

我跟先生說：「孩子馬上要大便了，這件事情比較急吧？你先把孩子抱到廁所，坐在馬桶上，再請他把小車車放下，比較保險吧？」先生還是堅持要兒子立刻放下手中的車。結果，兒子已經迅雷不及掩耳的就地解放，同時繼續玩著他的小車，完全不理爸爸。先生這才心不甘情不願地抱起孩子，到浴室洗屁股和學習褲。

這樣的事情不是第一次發生。我發現，如果我跟先生說：「快來不及了，要快！」他的動作就會變得更慢，甚至會選在赴約快遲到的時候，還去加油站加油洗車。在有孩子之前，我就發現他有這個問題，只要承擔了比較急的壓力，他就會整個人變慢，好像中毒的電腦一樣，呈現慢動作，無法迅速處理事情。當我挺著大肚子，準備要進醫院生產的時候，這個人還在辦公室中，慢慢處理他的工作，動作慢到我差點發火。

我常常說他，從小到大沒有學過什麼叫做「輕重緩急」，所以不知道該如何分辨「輕重緩急」，也不知道該怎麼處理。

從生活中學習分辨輕重緩急

兒子出生之後，女兒已經六、七歲了，這麼年長才生第二胎的我，發現自己的體力很明顯的大不如前，光是照顧新生兒就讓我疲累不已，而女兒卻正是需要大量活動的年紀，兩個年齡差距這麼大的孩子，有著不同的需求。

有一天，體諒我身體狀況無法出門的女兒，要求我唸故事書給她聽，我答應後，她興高采烈選好故事書，坐到我身邊。沒想到我才剛唸了一、兩頁，兒子突然哭了，我慌亂的放下書去抱兒子。聽故事正聽得開心的女兒，因為被打斷而嘟起嘴巴，非常不開心地看著弟弟，轉頭回到房間。

看到女兒受傷與不甘願的表情，我忽然懂了，女兒根本不懂為什麼我會在那個當下馬上丟開她的書，去抱弟弟。對孩子來說，那就是「媽媽拋下我去顧弟弟」，也等於「媽媽被弟弟搶走了」。

女兒以為媽媽被搶走了，以為我在她跟弟弟之間，選了弟弟。然而事實上，只是因為我知道兒子肚子餓了，如果沒有即時餵奶，他的哭聲分貝會越來越高，到時想要繼續唸故事書也很難。

我懂了女兒不懂，我不是在她跟弟弟之間選擇了誰，我只是在那個當下，依照「輕重緩急」來決定處理事情的順序。孩子不懂得輕重緩急，更不懂大人當下決策的原因，所以她以為媽媽在她跟弟弟之間，選擇了弟弟。

孩子腦中若沒建立輕重緩急的概念，就無法理解大人的決策，因此會卡在那種被遺棄的情緒中無法自拔。看懂了女兒的觀念卡在哪裡之後，一切就很好處理了。

我走到廚房，用笛音壺煮水，然後回來抱著兒子，打開女兒的書，繼續講故事。故事講呀講，還講不到一半，水已經滾了，笛音壺發出尖銳的笛聲，我裝作沒聽到，繼續講故事。女兒慌了，跟我說：「媽媽，水滾了，要去關瓦斯啦！」這時，我裝作很無辜的說：「可是妳要聽故事，妳比較重要。」然後繼續講故事。

女兒看我這樣，很緊張的說：「可是關瓦斯比較急呀！不然水燒乾了，會起火，屋子會燒起來，快去關瓦斯啦！」我這才恍然大悟說：「對噢！這是比較緊急的事情，所以要先做。」然後趕快起身關瓦斯。

關完瓦斯，我跟女兒都鬆了一口氣。我問孩子：「為什麼妳覺得關瓦斯比講故事

緊急，要先處理呢？」女兒說：「因為不快關瓦斯，我們家會燒掉啊！」我點點頭說：「為什麼路上所有的車子，都要讓救護車跟消防車先走呢？」女兒說：「因為要救人呀！生病的人太慢救，就死了，那很急呀！」

我繼續問：「所以，關瓦斯跟講故事這兩件事情，是因為關瓦斯比較急，所以我必須先去做，而不是我比較愛瓦斯，不愛妳？」

聽到這個問題，女兒一臉不可置信的看著我，就好像在說：「妳在問什麼怪問題呀？」我繼續說：「媽媽幫妳講故事，跟弟弟肚子餓了，哭著要喝奶，妳覺得哪個比較急？」

女兒想了想說：「弟弟肚子餓比較急，如果弟弟不趕快喝奶，就會哭到屋頂都快掀開了，我也沒辦法聽故事了。」

我笑笑的看著孩子說：「所以，妳想想，媽媽講故事的時候，弟弟哭了要喝奶，我先去泡奶，這代表媽媽是依照這兩件事情，哪個急需處理來決定？還是看我比較愛誰來決定？就好像，我講故事的時候水燒開了，我去關火，是因為關火比較急？還是我比較愛瓦斯？」

女兒想了想，笑著說：「媽媽是因為弟弟要喝奶這件事情比較急才先做的，不是不愛我。」

我一本正經地看著女兒，告訴她：「寶貝，我不可能不愛妳的，以後如果有這樣的誤會，妳一定要知道，我不可能因為任何原因不愛妳。當妳有這種想法，就是有了誤會，妳要跟我說，懂嗎？」女兒點點頭，笑著撲進我的懷中。

那一夜，我們母女倆坐在客廳的桌子前，用畫的、用寫的，把女兒身邊的每件事情都寫下來，然後開始討論每件事情的輕重緩急，哪些很重要？哪些很急？哪些不重要卻很急？哪些不急也不重要，一一交換意見，一一分門別類。

那次之後，當女兒的需求跟家人的需求，發生時間衝突的時候，我就可以問她，這些事情妳覺得輕重緩急的順序是什麼？我們該先做哪一樣？孩子理解了輕重緩急的意思，溝通就順利了。

我們當父母的，在選擇該先處理哪個孩子的哪件事情時，依據的不是比較愛誰，而是事情的輕重緩急。如果孩子懂得思考事情的輕重緩急，自然能理解父母做決策時的考量標準，那無關父母比較愛誰。

孩子卡住的，是不懂輕重緩急，懂了之後，誤會就解開了。

* 輕重緩急的概念，在生活中有很多機會可以讓孩子舉一反三，藉由親子問答，讓孩子思考輕重緩急的順序，協助孩子將生活上的事物分類輕重緩急，也可以讓孩子掌握「做決定前，必須先想好輕重緩急」的原則。

* 有時候孩子不懂輕重緩急，是因為不了解事情的嚴重性與後果。例如：買完菜回家的路上，孩子看到溜滑梯想去玩，就該協助孩子看懂生鮮食物沒有趕快冷藏，會產生什麼變化。

當孩子覺得父母偏心2

我慢慢理解了，孩子卡住的心情沒有解，再怎麼陪伴都沒有用。孩子卡住的，是以為父母偏心，而父母卻卡在不懂怎麼跟孩子對話，讓孩子了解自己的決策心情，只好一代傳一代，賭氣的跟孩子說：「我就是偏心，怎樣？」

兒子還小的時候，我帶著一群孩子一起參加一個活動。孩子們在一個小辦公室內玩得很開心，然而兒子才一歲多，還沒辦法跟大家一起玩，我只好帶著兒子到後面的小房間玩，跟著我一起過來的，還有另一組親子。

這個媽媽帶著兩個孩子，男孩四歲多，妹妹才一歲多。兒子跟女孩的年紀很相近，兩個剛學會走路的孩子，很快的玩在一起。後來，一歲多的小女孩走到四歲多

的哥哥面前，伸手要拿哥哥手上的玩具，男孩很生氣自己的東西被妹妹搶走，於是雙手用力往自己這裡一拉，玩具是搶回來了，妹妹卻撲倒哭了。他們的媽媽馬上過去抱起妹妹安撫，雖然媽媽一句話都沒有責罵男孩，但是男孩看著媽媽抱起妹妹，眼神好受傷。

我看到這樣的場面，馬上轉頭跟那個男孩說：「媽媽去抱妹妹，不代表你保護自己的東西是錯的，只是妹妹比較小，不管什麼原因跌倒了在哭，媽媽都會去抱她，看她有沒有受傷。這不代表媽媽覺得這件事情你有錯，也不代表媽媽偏心，比較愛妹妹，你知道嗎？」

男孩看著我，鬆了一口氣，慢慢點點頭，過沒多久又開心的玩了起來。男孩的媽媽走過來，跟我說：「我從來不知道原來孩子會這樣想。」

聽到那個母親這樣說，我內心感慨萬千。記得有一年，我住在家中，每天通勤到台中上班，那時候就讀大學的弟弟放假回來，媽媽想到換季了，該幫兒子買些新衣服，她邊唸邊準備出門，轉頭卻囑咐我：「等一下垃圾車來記得倒垃圾，千萬不可以忘記喔！」

我看著爸爸媽媽帶弟弟出門買衣服，而我只是那個「在家等垃圾車的小孩」，那種從小到大因父母重男輕女所受的傷，認為自己沒有價值的痛，一直到現在，從來不曾散去。

有時候我跟母親吵架，一急就罵她偏心、重男輕女，正在氣頭上的母親也不甘示弱的回我：「對！我就是偏心，怎樣？」甚至還說：「妳手指頭伸出來，也是每根不一樣長，偏心是理所當然的，老天也是這樣。」母親越是這樣說，我就越氣，心結怎麼也打不開。

很多人教有兩個孩子的母親，單獨陪那個覺得偏心的孩子。只是我常常想，這不就更落實了孩子對母親偏心的想像嗎？就如同懷疑先生外遇的女人，即使先生買再貴的名牌，試圖哄老婆開心，也只會讓老婆更覺得先生的心中有鬼。

為什麼老弱婦孺總優先？

我自己有了兩個孩子之後，常常在想，我從來沒有想過要在兩個孩子中做抉擇，

我也不曾以孩子的重要性來做決策。做父母的我們，考量的面向很多，有時候是時間的急迫性，有時候是事情的重要性。但是，從孩子的立場來看，他們卡住的，卻是藉由爸爸媽媽「站在哪一邊」來決定自己的價值，也決定兄弟姊妹的價值。

過了一年多，那兩個孩子又更大了，有一次這組親子來我家做客，媽媽騎電動腳踏車，輪流載兩個小孩出去逛小鎮。母親載哥哥逛回來進門時，妹妹堅持要關門，哥哥也堅持要關門，妹妹關了，哥哥就要打開再關一次，妹妹很生氣的哭了起來。兄妹兩人在門的兩邊互相推擠著，眼看力氣比較大的哥哥，快把妹妹夾在兩扇門中間了，媽媽跑過去妹妹那邊擋著門，勸哥哥放手，哥哥卻堅持不放。

我把哥哥叫過來，他的眼眶泛紅，整個人快哭了。我等他稍微平靜下來，請他跟其他幾個比較大的孩子，一起來討論一個在兒子出生前，我跟女兒討論過的話題。

在兒子要出生之前，我曾經帶著女兒一起觀察公車上的博愛座，為何當我帶著女兒一走進公車的時候，不管車上再怎麼擠，都有人願意把位置讓給我這個孕婦？我帶著孩子觀察公車跟捷運上每個讓座的行為，也帶著孩子觀察電梯上為何貼著「孕婦、帶小孩者、老者、行動不便者、攜帶重大行李者」優先使用的標示。

兒子出生之後，我們推著推車四處觀察，為何我推著推車的時候，總可以走那個比較寬闊的出入口，總是需要去搭電梯，總是可以得到公共運輸系統上的優先座位，總可以使用那更佔空間的坡道？

我們觀察了很久，也討論了很多次。那天，我問那群孩子：「為什麼公車上的博愛座要讓給懷孕的媽媽、帶小孩的媽媽、老爺爺老婆婆，跟拿拐杖行動不便的人呢？」

孩子們異口同聲的說：「因為他們比較不方便，比較需要座位。」

我再繼續問：「那為什麼電梯要讓給懷孕的媽媽、帶小孩的媽媽、老爺爺、老婆婆跟拿拐杖行動不便的人，還有拿行李的人？」

孩子們再說：「因為他們比較需要。」

我繼續問：「為什麼他們比較需要呢？」

孩子們開始七嘴八舌的說：「因為懷孕的人站不久呀！小朋友站著太危險，緊急煞車就飛出去了；老爺爺也站不久，去搭電扶梯也很危險，跌倒就糟糕了。」

孩子們講完之後，我一臉疑惑的又問他們：「那為什麼有人要讓呀？在公車上看

到懷孕的媽媽，為什麼有人要讓位？這個讓位的人是覺得這個規定偏心呢？還是他覺得他自己『比較有能力站』呀？」

孩子們又異口同聲的表達：「因為比較有能力站，比較有力氣，比較可以站得穩，站一下沒關係，所以把位置讓給有需要的人，讓給比較沒有能力站的人。」

討論到這裡，我認為孩子們能理解了，便問那個男孩：「媽媽剛剛請你讓妹妹，是因為媽媽偏心，比較愛妹妹？還是媽媽覺得你比較有能力、聽得懂大人說話，所以請你讓？妹妹是不是還聽不太懂大人的意思，所以需要時間練習？」

男孩想一想，說：「因為我比較有能力聽得懂！」說完溫溫的笑了起來。

我告訴孩子們：「大人會要求大孩子讓，是因為你們比較聽得懂，而不是偏心，也不是覺得你們不對。但是，我是大人，我也可以跟你們保證，等到弟弟妹妹越來越大，我也會慢慢陪他們練習，變成有能力懂的人，不會一直要你們讓。你們想當那個一直都沒能力讓的人？還是想要當有能力讓的人？」

孩子們異口同聲的說：「我們想當那個有能力讓的人。」我笑開了，請他們自己去玩。男孩坐在我旁邊，我看著沒關好的門，用眼神跟表情暗示他，「現在你可以去關門了！」

男孩說：「我知道妳在跟我說什麼，妹妹就不會懂，可是我現在不想關了。」

我笑笑的說：「你終於知道這次沒搶贏，還會有很多機會，可是妹妹不懂呀！慢慢等她懂好嗎？」

男孩笑著點點頭，開心的去玩了。我看著孩子們玩在一起的樣子，忽然看懂了，原來小時候，我不了解父母在要求我這個當姊姊要讓的時候，只是因為他們認為我比較大，應該「比較聽得懂」。那時候的我還是個孩子，無法理解一個擁有三個孩子母親的心情，因此不管哪件事情，全都把問題直指父母的偏心。

而不懂怎麼回應我的母親，聽到我的指控，只能採取防禦機制，保護她一個當母親的尊嚴。只是這樣的防禦，卻讓我的心情傷得更痛也更深。

打破孩子心中的疆域

多年後，面對孩子們的偏心之戰，我才理解孩子們的心中都有一個疆域，當你站

在對方的國度，就不是我這一國的。當他們一認為父母偏心，戰鬥的情緒就來了。

當孩子可以站在不同的角度去看父母的時候，才能打破孩子心中的疆域界限，將所有人都納入自己心中的那一國。

擁有兩個孩子的我，慢慢理解了，孩子卡住的心情沒有解，再怎麼陪伴都沒有用。孩子卡住的，是以為父母偏心，而父母卻卡在不懂怎麼跟孩子溝通，說明自己的決策心情，只好一代傳一代，賭氣的跟孩子說：「我就是偏心，怎樣？」兒子兩歲半了，兩個孩子爭東西的劇碼，在我們家始終沒有停過，可是都可以和睦的處理。不是因為我的孩子天生就好教，而是他們都努力的要學著當那個**「有能力讓的人」**。

一直卡住的我，當了兩個孩子的媽，才真正懂得媽媽的心情，痛這麼多年的我，開始努力的帶孩子看懂，大人的處理從不是因為偏心。

爸媽可以這樣做

* 面對能力還不夠的小小孩，我不會要求大孩子「讓」小小孩，而是引導大孩子去看自己擁有的能力。「我有能力站的久，所以位置給弟弟坐。」「我有能力可以看懂字，所以我講故事給弟弟聽。」「我有能力等待，所以我先不跟弟弟搶，等一下他不玩我就可以玩。」讓孩子肯定自己的能力，得到成就感。
* 也可以引導孩子「如果你希望弟弟不給你造成麻煩與困擾，那就要協助媽媽一起幫弟弟培養他的能力。」

當孩子總是劍拔弩張

原來，孩子在意的是，當下有沒有人聽聽我的委屈？
有沒有人看到這件事情的是非對錯？而父母在意的，
卻是「這個孩子的脾氣這麼大，性格這麼激烈，以後一定吃虧受傷。」

在決定約小潔家庭一起出遊之前，我其實經歷了一番掙扎。那段時間，我跟一個朋友斷絕關係，也開始對幫助其他孩子，產生退縮的念頭。

每次我遇到與人絕交的狀況，總是不免責怪自己的壞脾氣。從小，我就常常被父母親罵脾氣太壞，在親戚之間，我的壞脾氣就好像母親幫我貼的註冊商標，許久都拿不下來。每次只要我跟一個朋友斷交，母親就會不分青紅皂白的說：「一定是因為妳脾氣太壞！」這句話像符咒一樣，總讓我遇到情況不對，也一忍再忍，直到不能忍了，才驚覺傷害太重，必須快刀斬斷。

「生人勿近」的刺蝟小孩

讀國中的時候，有一次我上課輔班，很晚才回家。我吃著母親幫我留下來的飯菜，母親邊洗碗邊提到某位老師的事情，記得我當時對這個老師嗤之以鼻，母親馬上說：「妳一定是脾氣不好，常惹老師生氣，才說老師壞話。」

我很生氣的說：「那個老師會摸女學生大腿跟胸部，乖乖給他摸，就是脾氣好，難道這就是妳要的乖女兒？」母親聽了大驚失色，眼露凶光，以一副要去跟老師打架的表情問我：「他有沒有對妳怎樣？」

我不以為然的說：「他才不敢動我，我最兇的。」母親鬆了一口氣，但還是很氣的說：「對！就是要這樣！如果他敢動妳，要馬上告訴我，知道嗎？」

從那一件事情之後，母親就沒有亂罵我的脾氣不好了，長大後有幾次我問她怎麼不擔心我談戀愛，她還會回答：「妳那麼兇，不要欺負人家就很好了！」我才知

道，母親對我的安心，來自於我會保護自己。

只是這麼多年以來，步入中年，我才懂得脾氣這種東西，真的會讓一個人的人生，跌跌撞撞。

黑白分明的我，很容易一發現狀況不對勁了，馬上斬斷關係就跑，因此，我承受的批評與指責不少。而這麼多年來，只要遇到糾紛，我就會啟動我的自責系統，不斷反省自己的脾氣。

在我的自責系統最忙碌的這一陣子，我再見到小潔，小潔的母親是我的網友，她常常在私訊中跟我聊到孩子的狀況。她告訴我，小一的小潔在家族聚會中，因為舅舅的捉弄而放聲一直尖叫，怎麼哄也停不下來，讓所有大人束手無策，身為母親的她完全不知該如何是好。

不只如此，小潔的脾氣也使她和爸爸之間衝突不斷。小潔對妹妹的敵意、對父母還有身邊大人的敵意與脾氣，使得親子衝突天天上演，讓家裡烏煙瘴氣。這位媽媽夾在小潔與丈夫、家人之間，一直很難熬。

看到那位媽媽的描述，我不禁回想起我自己的童年。因為怕誤判孩子的狀況，我便約小潔家一起出來玩。那天孩子們玩到傍晚，大家一起吃飯，四個小女生合點了一份雞塊薯條套餐，餐點上來的時候，大家各自把想吃的東西，挪到自己的餐具上。快吃完的時候，我女兒說：「小潔，妳拿的薯條吃不完，給我一點好嗎？」

小潔同意了，女兒才伸手去拿薯條。這時候坐在小潔對面的妹妹，也站起來直接從姊姊的碗中拿了薯條。同時間我就聽到小潔放聲大叫，用幾乎整間餐廳都可以聽到的音量，大罵妹妹：「妳怎麼可以用手拿我的東西，沒禮貌！」

小潔不停的罵著，我轉過身去問：「怎麼了？妳覺得妹妹拿妳的東西，讓妳不開心嗎？」小潔大聲的說：「對！她用手拿我碗裏面的薯條，超過份的！」

我又問她：「可是，彈彈也有拿呀！」

她音量變得較緩了，回答我：「彈彈有問過我，我妹沒有。」

我說：「我懂了，妳覺得妹妹沒有經過妳同意，就伸手拿妳的薯條，讓妳很不舒服吧！我們大人這桌還有薯條，要不要先來一點？」

我拿了餐盒，讓她先挑，小潔取了些薯條，也完整的把自己的委屈講完，心情似乎平靜許多。後來，我得空又跟小潔說：「麗芳姨今天發生了一件事情，妳要聽看

看嗎？」小潔點點頭。

我說：「中午我帶彈彈的弟弟去等無障礙廁所的時候，忽然廁所求救鈴大響，因為公園很大，所以求救鈴的聲音要很大、很刺耳，才會有人注意到。因為求救鈴響了，所以工作人員都來了，開始敲門問狀況，這時候裡面的媽媽說對不起，原來是小朋友亂按求救鈴。不過，當媽媽把門一打開，所有工作人員都衝進去，不是去責備小孩，而是趕快去把那刺耳的鈴聲按掉，因為那聲音很大聲，讓人覺得很不舒服。」

小潔跟女兒仔細聽我描述這個過程，後來我問小潔：「妳有委屈、很生氣，所以大聲尖叫，可是大人會先去處理做錯事情的人？還是先按掉那個尖叫聲？」她回答：「先按掉尖叫聲。」

我點點頭，繼續說：「可是大家要妳閉嘴的時候，妳一定心情更不好吧？因為沒有人看到做錯事情的妹妹，只看到妳的尖叫，這樣是不是更委屈呢？妳要表達妳的委屈，所以大聲尖叫抗議，可是大人也在表達自己被嚇到的委屈，所以要妳先閉嘴，不要生氣，就跟大家會先去按掉那個刺耳的鈴聲，是一樣的。」

明明是妹妹犯錯，被罵的卻是我？

這時候小潔陷入了沉思。我又繼續補充：「因為前面那個小男孩亂按求救鈴，就會發出聲音，彈彈的弟弟覺得很好玩，進去的時候，也在找那個按鈕，也想要去按看看。這跟妳的狀況一樣，因為惹妳生氣，不但不會被罵，還因為妳會尖叫，能害妳被罵，所以大家就會更喜歡來捉弄妳，這樣妳不是很吃虧嗎？妳想要表達的是自己的不滿，而大人想處理的，卻是妳的情緒，妳是不是用了最不利自己的方式在處理事情呢？」

話講到這裡，我沒有給答案，也沒有聽她回答，轉頭繼續吃我的晚餐。回家後，我私訊小潔的媽媽，請她要孩子複述一次我講的話，好確定孩子完整的理解了所有的內容。

那一夜，我腦中反覆出現的，都是小潔在一群親人中尖叫抗議的畫面，這個畫面讓我的心情無法好轉，因為在小潔的眼中，我看到了小時候的自己。

這麼多年來，女兒只要一誤會我偏心或誤解我的用意，我會馬上驚覺、馬上處

理，因為這樣，女兒對弟弟沒有任何心結。但是，小潔就像童年的我，每次都用最傷害自己的方式，來表達她對父母偏心的抗議。她用尖叫來抗議妹妹的惡意對待，她在意的是這件事情的是非對錯，而她不知道父母親焦慮的是她的脾氣。

一直到年紀很大了之後，我才懂，因為人際關係坑坑疤疤，我吃了多少苦頭；也才明白，脾氣與情緒怎麼決定一個人的人生。然而，孩子的年紀太小，他們卡住的，是他們不懂情緒對人際關係的影響。

孩子在意的是是非對錯，父母恐懼的是孩子的脾氣這麼強，會不會成為她人際相處的障礙。父母越恐懼，就越想「矯正」，而這種因心急而直覺做出的矯正，卻會讓孩子覺得是偏心。

那一天，小潔的妹妹沒有經過姊姊的同意，就從她碗中拿東西，妹妹不但沒有被責罰，反而害姊姊被罵，妹妹樂得享受這樣的角色，當然也學不會她該學的功課——尊重別人的物權。姊姊當然無法理解，明明是妹妹犯錯，為什麼被指責的人，卻是自己。

誤會累積造成的傷害

在那個衝突過後，我看到小潔一臉倔強的看向父親，才發現妹妹坐上了爸爸的大腿，正在撒嬌。我感到很心酸。從小到大，我也是這樣，父母的重男輕女與偏心，常常是我發脾氣的主要原因，然而每次只要我一發脾氣，就一定被罵，從來沒有人問我「怎麼了？」

大人眼中那種「姊姊一定要讓妹妹」、「姊姊生氣，就是跟弟妹計較」的刻板印象，一直讓我很不平衡。因此我也常用最傷害自己、最不利自己的方式，去表達我的抗議，也因為這樣，我跟父母親的距離也最遙遠。倔強的個性，讓我連跟父親撒嬌，都做不出來。

我沒有跟父親撒嬌的記憶，我跟父親之間，永遠都是帶刺的。也因為這樣，我總覺得身邊沒有一個大人，會站在我這邊好好聽我說話，所以，我一生氣起來，就要更大聲，我一火起來，就要驚天動地。

我想起小潔在家族聚會中的尖叫，也想起那種感覺，那就是「在親友中孤單」的

痛楚。我想起小時候的我，即使過年期間，大家都熱鬧聚在一起的團圓場合，身邊圍繞著親人，我卻依然飽嚐深沉的孤單，而且，人越多越孤單。

我的童年孤寂，在小潔看著妹妹對爸爸撒嬌的眼神中，血淋淋的被掀了起來。這麼多年來，我才懂，父母在處理事情的當下，真的不是存心偏袒哪個孩子，只是對女兒情緒與性格的焦慮，處理不當，造成了孩子對父母的誤解。

孩子在意的是**當下有沒有人聽聽我的委屈，有沒有人看到這件事情的是非對錯**；而父母在意的是「這個孩子的脾氣這麼大，性格這麼激烈，以後一定會吃虧。」

多年來，當我看懂孩子的狀況，想要協助孩子的時候，我總會看到父母心中強烈的反彈，我越來越退縮，也越來越不敢給父母意見，然而在小潔的眼神中，我看到了童年的自己。

在點醒小潔媽媽，大人對小潔個性的焦慮，已經造成小潔的誤解與孤單感時，我深深的感謝上天，讓我在協助小潔的過程中，懂了那個童年的自己。

那個因為看的點不同，而一直誤以為父母偏心，而孤單不已的自己。這一次，我看懂的不只是小潔，還有童年的自己。

爸媽可以這樣做

＊引導孩子看懂情緒與性格，跟人際關係之間的關係。這個問題在很多小孩與人的互動中，都可以拿出來討論，例如「這樣的情緒，是不是讓他的好意變成惡意了呢？」、「這樣的展現方法，讓孩子誤以為爸爸不愛他，是不是很吃虧呢？」「如果換一種情緒處理這件事情，會不會付出的代價比較少？」

當孩子遭受威脅

孩子一直恐懼著，身體啟動逃生系統，血壓跟血糖跟著異常……

人類比動物辛苦，我們的想像力不一定都用在創意，

很多時候是用在想像壞事的發生而恐懼著。

我陪著阿義坐在診間，等待醫生叫號，小小的診間擠滿了人，我拿著一本書坐在一旁，假裝看書，眼神卻不時停留在阿義身上。

這半年多來，他瘦了很多，暴瘦讓一向不管身體健康的他警覺了起來，於是他開始勤跑醫院的門診，也戒掉很多他喜歡的食物，再也不敢忽視健康。

以前的我很不懂，為何阿義不管在什麼樣的場合，表情都像揹著千斤重擔，從來沒有真正的放鬆過。年紀輕輕就有糖尿病、高血壓，愛喝冰甜飲料的他，不像是滿

足，而是上癮；高血壓沒有造成他生活上的不舒服，所以他一直不在意，不就醫也不節制飲食。

這麼多年來，為了因應他血壓過高而奮力送出血液的心臟，終於發出警訊了，這個警訊來得又快又猛，讓阿義不能不面對。我看著阿義消瘦的臉龐、微喘的呼吸，一陣心疼猛然上了心。

我閉上眼睛，想起有幾個家長，曾經為了孩子的問題來找我，那時候我看著那些未滿三歲的孩子，每一個眼神都很恐懼又防備，就像阿義一樣隨時處於警覺狀態。有些孩子遇到害怕的事情，會全身抽搐；有些孩子一直黏著母親，緊緊拉著母親的手，微微的抖著。

仔細一問，我才知道，這幾個孩子都加入了某一個團體，那個團體主張孩子可以在衝突中自己處理面對，因此要求父母不介入孩子間的暴力行為。當孩子打人或莫名其妙挨打時，團體也不會協助孩子練習把不滿說出來。

孩子學不會用語言處理狀況，於是，就只能無助的使用或承受暴力，習慣性扛著隨時被攻擊的壓力。在那裡，即使孩子被打、被霸凌，母親也只能默默看著。

這些孩子必須在他們連話都還講不太清楚的時候，面對突如其來的暴力或傷害；即使在一群孩子團體中，還是恐懼人群，也將那樣的恐懼，展現在自己的眼神與身心之中。陪伴這樣的孩子挑戰很大，我一直認為，讓孩子恐懼很簡單，讓恐懼過後的孩子信任與放鬆，很難。

別讓孩子在恐懼中成長

我常聽到家長說：「我們小時候也常常因為犯錯被打，還不是長大了？」我也常想，像我這樣從小犯錯、被打到大的孩子，跟因為家暴受虐的孩子，有什麼不同？以前，我不懂這兩種父母的教養，到底有什麼差異，我只知道，在我的成長過程中，犯錯一定要挨打，而這個「錯」常常取決於大人的標準。因此，我害怕犯錯，寧可說謊也要講父母喜歡聽的答案，更害怕犯錯之後，必須面對的羞愧感。這樣的我在人生的每一個決策過程中，內心就像打仗一樣，每件事情總是要想了再想，慢慢的釐清心中的恐懼與畏縮，很辛苦也很痛苦。

為了協助這些孩子，我翻遍許多書籍，直到看了《為何斑馬不會得到胃潰瘍》（Why zebers don’t get ulcers，遠流）一書，我忽然瞭解了，人在面對恐懼的時候，就好像後面有山豬在追著你跑。面對這龐大的壓力，為了爭取生存，我們的腎上腺素激增、心跳加速、血壓升高、血流重新分布、分泌糖皮質素。

有些孩子一直處於恐懼狀態，總是擔心在外面被朋友打、不知道會不會被朋友討厭、想著該怎麼巴結朋友，才不會受到霸凌、害怕其他孩子都不跟自己玩；在家裡還怕父親喝醉、不知道今天媽媽會不會上一秒抱著我親，下一秒又暴怒給我兩巴掌……只要孩子的腦中恐懼，身體便會啟動逃生系統，血壓跟血糖也會跟著異常。

於是我看懂了，我小時候除了成績單拿回家的那一天之外，還是擁有許多可放鬆的時刻；而長期處在家暴、隱性虐待家庭與團體暴力下的孩子，恐慌壓力系統隨時都在運作，沒有一刻可以放鬆。

人類比動物辛苦，我們的想像力不一定都用在創意，很多時候是用在想像壞事的發生而恐懼著。

我看懂了這些孩子的恐懼之後，便建議他們的母親給孩子一個簡單而安全的環

境，放下大人間的面子問題，讓孩子遠離他恐懼的朋友與團體，不要讓孩子為了人際互動，被迫接受他們還無法承受的刺激。

當初女兒還小，知道出門是要去找會打她的小朋友時，她嚇得躲在桌下發抖，那時候的我，即使被對方的母親在網路上攻擊、在朋友間中傷，也要讓孩子遠離那樣的朋友，因為我知道，孩子心中的恐懼，對她的人生會有多大的影響。

別做孩子心中的山豬！

看過這些孩子，再來面對阿義，我心中五味雜陳。阿義的父母從他童年時期就常常爭吵，父親活在他自己的恐慌世界中，那時候他們不知道父親心理生病了，只知道父母常常爭吵，孩子們可以躲多遠就躲多遠。

有一次，才讀小學的阿義避開在客廳爭吵的父母，躲在廚房吃晚餐，忽然母親衝了進來，拿起後門旁的農藥，當著阿義的面喝了下去。阿義嚇傻了，不知所措的看著全家亂成一團，有人尖叫，有人打電話，有人大吼，一直到救護車來帶走母親，他還覺得這一切一點都不真實。

感覺不真實，恐懼卻很真實。母親搶救得早，喝的農藥不多，平安的回家了。阿義從此不敢講任何可能惹母親生氣的話，他把那些忍下的真話，吞到肚子內；他也不敢在父母吵架的時候離開，小小年紀的他，每次父母吵架，即使恐懼到全身發抖，也寧可在旁邊當炮灰。因為他害怕下次來不及阻止憾事，也害怕自己像上次一樣，嚇傻了什麼都沒辦法做。

沉默的阿義心中一直承受著巨大的壓力，就好像後面一直有一隻山豬追著攻擊他。即使已經長大成人，也離家多年，每次打電話回家、每次電話一響，他都害怕聽到老家有壞消息；從那次的事件之後，每次想到父母，他的血壓就沒辦法維持正常。我才知道，原來，他從來沒有真正體會過放鬆的滋味，不管離家多遠，他還是那個因為害怕山豬追殺，而不斷奔跑求生的孩子。

他愛自己的父母，也瞭解父母對他的愛；然而，父母親給他的，不只是愛，還有深深的恐懼，一種連父母都沒意識到的傷害與壓力。

慢慢的，我懂了，因為犯錯而挨打的孩子，會害怕犯錯而不敢嘗試；但是，那

些面對自己無法控制的家暴或隱形暴力的孩子，身心一直處於隨時要逃命的高壓狀態，影響不只在心靈層面，也反映在孩子的身體上。

那些父母以為無害的教養習慣，影響著孩子的身與心，孩子不是莫名其妙的變壞了，孩子也不是莫名其妙的病了，有很多健康上的問題，是因為一直處於自己無法承受的壓力下而爆發的。生命，一向沒有外表看起來的輕鬆。

人生，一直都不輕鬆。我看著阿義，心中一直想著我該怎麼告訴他，很多事情可以不要扛在肩上，該放下了。我也很想告訴他，他已經離家很遠很遠了，遠到山豬沒有辦法攻擊他，他可以告訴自己的身體，不要一直開著逃生模式了。

我也很想告訴所有還在承受童年壓力的大人們，我們的後面已經沒有山豬追趕了，停下腳步好好鬆一口氣吧！

即使身後依舊有山豬追趕著，我們已經長大，可以試著閃開，也有能力與方法可以正面迎擊。

停下來，喘口氣，告訴自己，後面沒有我們對抗不了的山豬！也告訴當了母親的自己，不要成為孩子心中，那隻追趕著孩子的山豬。

附註：此文著重於闡述因壓力與恐懼而引發的疾病，每個人的身體狀況與症狀不同，請務必接受專業檢查，並遵從醫生指示治療。

爸媽可以這樣做

現在孩子生的少，很多父母為了孩子的人際關係找很多團體參加，只是在任何團體或者是孩子的學校，父母都要信任孩子的表情勝過對方的理念，當孩子眼神已經帶傷的感覺時，要趕快離開，孩子恐懼後所引發的疾病父母不能輕忽。

當孩子成了受氣包

我們要幫孩子了解，生氣有很多種，
而大部份不是因為那個受氣者犯了錯，不必先自責，
要開始練習把別人的情緒還給別人。

擔任室內設計師的先生，剛從工地回來，臉色有點沉，脾氣似乎一觸即發。他看著桌上滿滿的飯菜，開始唸著：「為什麼昨天買的那個獅子頭沒有拿出來煮？」「那些玩具怎麼不收一收？」「這個東西不應該放在這裡！」

以前的我，常常因為這樣陷入習慣性的自責，開始反省是不是我做錯了什麼？還是哪裡做得不夠好？

這樣的自責系統，我一點也不陌生，年輕時談戀愛，明明愛已經遠離、分手了，

我還是會先自我檢討一番，到底我是哪裡不滿意？我在苛求什麼？

明明被徹底的利用了，看清楚朋友怎麼暗箭傷人，但是，在畫清界線的時候，我還是會啟動我的自責系統，想著「難道真的是我的錯？」「我這樣做，對嗎？」

後來，我才慢慢的理解，有些人總是藉由抱怨親友，來證明自己存在的價值。像是說出「就是你這麼爛，我才會外遇」的人，避而不談自己對婚姻的不忠誠；指責「就是因為你不會煮飯，我才喜歡吃外面」的人，永遠不承認自己就是愛跟朋友去喝酒。

而事實上，那些抱怨與責罵，有時候只是因為職場上受了氣、生理上不舒服，隨便找個理由來發洩而已。

然而，就是有人習慣性的在這些別人的憤怒裡，找個位置坐，開始自責起來了。

那是一種慢性的自信心自殺行為，而對方則是慢性的殺人。

當我驚覺到這樣的狀況時，我曾經想過為什麼明明是先生的狀況，甚至他一句話都沒說，我卻如此的自責，但百思不得其解。

帶孩子認識生氣的種類

有一次，一位網友抱著孩子來參加我的演講，會後她擠到我的身邊，想要問問題，但話還沒說出口人就哭了。我慢慢的等她回復情緒，她那五歲的兒子一直在旁邊，驚慌的看著媽媽，不知道該怎麼辦。

我看著那個孩子眼神中的自責，忽然有點懂了。孩子的人生中，還沒有經歷過婚姻的問題、沒有教養的困擾、沒有那種想罵罵不下去，不罵又怕孩子學壞的掙扎、沒有婆媳的相處、沒有職場與生計的考驗，孩子的人生太單純，只知道自己做錯事，爸爸媽媽會生氣。

因此，不管什麼原因，只要父母一生氣，孩子的腦中就會直接連結到「是不是我做錯事了？」

父母的每個情緒，都會啟動孩子的自責系統。我想起小的時候，父母因為父親的外遇問題，關係很不穩定，有時候有說有笑，有時候又一陣大吵。孩子的世界，不懂的東西太多，我只知道媽媽的心情不好，哭了，爸爸的臉很臭，我最好繃緊神經，小心不要做錯事，以免像踩到地雷一樣粉身碎骨。

孩子不懂，當某個人生氣的時候，原因有百百種，不見得都是受氣的那個人犯了錯。

那樣的自責系統一直困擾著我，那種自信心的自殺行為，讓我一直以來都很痛苦。我想起那個孩子的眼神，展開了「把別人的情緒還給別人」的練習。

因此，先生抱怨「為什麼昨天買的獅子頭沒有拿出來煮？」時，我會說：「以後想吃什麼，請事先通知我，如果沒有事先說，就不要事後責怪我。」當他說：「那些玩具怎麼不收一收？」我會回答：「孩子們想等你回家一起玩呀！」只要先生開始碎碎唸，我會說：「停！你要嘛就自己做，不自己做就不要抱怨，不要罵我，我才不會掉入你的情緒陷阱！」

我也開始帶著孩子們觀察，所謂的「生氣」有多少種類，教孩子不要因為別人的情緒而自責；也告訴他們，不是大人生氣，就代表他不愛你。

關心的面貌百百種

女兒以前有個叫小慈的朋友，媽媽堅持不打不罵，而爸爸一看到女兒做錯事，總是劈頭就罵，父母親教養的風格相差如此之大。然而我不解的是，小慈與爸爸感情很好，卻跟媽媽不是很親，我不懂為什麼會這樣。

我曾經看過小慈的爸爸來接他們母子三人時，發現孩子受傷，劈頭就罵：「怎麼受傷的？怎麼那麼不小心？有沒有擦藥？」邊罵邊看傷口，他的怒氣來得很猛，在一旁的我有點嚇到，可是小慈卻很開心，眼神閃閃發光，那神情我不曾在她媽媽一整天的陪伴中看過。那時候的我，不懂！

直到有一天，小慈赤腳在玩，不小心踩到圖釘，她的媽媽那時正忙著在幫團體訂便當，其他孩子都跑來通知她，她卻繼續處理手上的工作，似乎沒受到影響。六歲的小慈連哭都沒哭，一跛一跛走到媽媽面前說：「我踩到圖釘，小真媽媽幫我把圖釘拿起來了。」

媽媽看了看說：「嗯，那妳問問看小真媽媽有沒有帶藥。」這時候小慈的弟弟喊著：「媽媽，我要尿尿！」小慈的媽媽馬上跳起來說：「好，我來了！」

那時候的我終於懂了，小慈的母親相信不打不罵的教養方式，也相信不要干涉孩子的行為、不要過度介入，孩子會發展出自己的能力。但是孩子不會懂得她腦中的教育理念，只看得到她這樣冷漠的態度，當孩子被欺負、受傷了，媽媽都在一旁冷冷的看。

孩子激不起這個母親的一點點情緒，那樣的冷漠讓孩子寒了心，即使踩到圖釘也不哭，因為她知道「我哭也沒有用」。

那時候的我終於懂了，為何小慈這麼愛爸爸，因為爸爸在意小慈的一切，即使用錯方法，也足以傳達他濃濃的在意。

我問女兒：「如果妳是小慈，妳希望我跟小慈媽媽一樣沒反應？還是像小慈爸爸一樣心急，罵妳怎麼這麼不小心？」女兒說：「我要妳跟小慈爸爸一樣。」因為女兒已經知道，有些生氣，是在傳達在乎、傳達愛。

女兒知道，我為了阻止高血糖的先生吃甜食而開始的爭吵，是一種關愛，後續我讓女兒也理解，有一種生氣，是因為關心所產生的焦慮。

女兒曾經在面對比較難的學習作業時，開始莫名其妙亂發脾氣，我便趁機告訴她，有些人的生氣，是因為自己本身的挫折，而不是別人的問題。

兒子兩歲多時，有次想開門衝到馬路上，女兒氣得對弟弟大吼，我也趁機教她，有一種生氣，是因為急與害怕。

大部份的生氣，無關誰對誰錯，誰好誰壞，有時候只是這個生氣的人，用錯方法處理問題而已。

不必先自責

女兒八歲那一年，有次我們回台中娘家，早上兩歲多的兒子已經起床了，女兒大概是前一晚太累，怎麼叫也叫不醒。兒子吵著要下樓玩，我問女兒：「我可以先帶弟弟下樓嗎？」女兒在半夢半醒之中點點頭，我便帶著兒子下樓。

後來，我上樓看了女兒幾趟，還是無法叫醒她，我就又回到一樓陪母親與兒子。過沒多久女兒哭著下樓，又哭又氣的說：「我一醒來，全部的人都不見了，我一個人好害怕。」

我抱著她，告訴她早上所有的經過，女兒理解後情緒才舒緩下來，那時女兒忽然說：「媽媽，原來擔心害怕也會生氣，但是，我生氣不是你們的錯，是我很害怕你們都不見了，我從三樓一直找下來，我好害怕。」

孩子在成長的過程中，慢慢的懂了，生氣有很多種，人會因為心急而生氣、因為擔心而生氣、因為恐慌而生氣、因為焦慮而生氣、因為肚子餓而生氣、因為受不了噪音而生氣、因為工作不順心而生氣……而大部份不是因為受氣者犯了錯，不必先自責。

慢慢的，每次先生開車心情不好、亂罵人的時候，女兒總會說：「爸爸，你是不是怎麼了？我覺得你今天好容易生氣，你肚子餓了嗎？」

女兒知道，父親會因為吃不飽、睡不好而情緒不佳，所以父親生氣，不會讓她陷入自責的情緒；而當我生氣了，女兒知道那背後一定有原因，她會仔細的聽我說，然後跟我一起討論，該怎麼處理比較好。

我很欣慰，在我孩子身上，再也看不到像我一樣，在別人的情緒與叨念中自責的

行為。

人生，很多時候只是卡在見過的世面不夠廣，看過的人也不夠多，不懂影響一個人的情緒有很多種，大人生氣的原因也有好多種。懂了之後，那種不拿別人情緒來扼殺自信的下意識習慣，才能真正的解脫。

這種不扛著別人情緒的自在，慢慢走入了我的心中，原來，在看懂孩子卡住的過程中，我心中那個長不大的孩子，也終於過了關。

爸媽可以這樣做

當孩子曾經因為做錯事情，而惹父母生氣難過的時候，孩子會將「自己做錯事」跟「父母生氣」畫上等號，可以利用不同情境，以扮家家酒的方式，讓孩子認識原來生氣有很多種原因，不一定全部等同自己做錯事。

但是，孩子認識了生氣的種類之後，也可能會替生氣找藉口，例如在亂發脾氣後說：「我心急，所以我發脾氣。」因此我在談生氣的種類時，會補充跟孩子說：「媽媽心急的時候會口氣不好，容易傷害人，讓心愛的寶貝誤會我，媽媽一直學不會在心急的時候好好說，妳可以陪媽媽練習嗎？」

當孩子總是用哭鬧表達意見

先生抱怨著為什麼同樣一句話，我說孩子就會聽，他說孩子還是繼續哭。我回答：「態度問題，你用跟人幹架的方式談，別人就會防備，怎麼會去想你說的話。」

先生要帶兩歲半的兒子出門，站得直挺挺的對兒子說：「要穿外套，不然不帶你去。」兒子很擔心爸爸不帶他出門，一直哭著說：「我要去！我要去！我要去！」兒子越哭，先生的火氣就越大，更大聲的喊著：「要穿外套，不然不帶你去。」

我知道兒子無法理解「穿外套＝可以出門；不穿外套＝不能出門」的邏輯，聽到「不帶你去」，就一直哭，隨著他的哭聲越來越大，先生也越來越不耐煩。

我拿著外套蹲在兒子面前，直視著兒子的眼睛，指著外套說：「穿外套，出去玩？還是不穿外套，不出去玩？」我認真看著兒子的眼睛，一次又一次的用詢問的語氣問：「穿外套，出去玩？不穿外套，不出去玩？選一個。」兒子終於停下哭聲，眼帶淚光看著我的眼睛說：「穿外套出去玩。」於是，我幫孩子穿上外套，兒子擦乾眼淚，跟先生出去了。

回家後，先生抱怨為什麼同樣一句話，我說孩子就會聽，他說孩子還是繼續哭。我回答：「態度問題，你用跟人幹架的方式談，別人就會防備，怎麼會去想你說的話。」

我如何突破兒子的哭哭關卡

兩歲多的兒子，有時候會有一些莫名的堅持。有一天我要帶他出門，走到門口他忽然說：「我想到了，我要帶 Hello Kitty 的望遠鏡，媽媽陪我進去找。」

我說：「我不知道什麼 Hello Kitty 的望遠鏡，你自己找。」兒子卻一直堅持他要 Hello Kitty 的望遠鏡，從「拜託妳幫我找！」「請幫忙！」到躺在地上哭。我蹲在他

旁邊慢慢跟他說：「媽媽真的不知道什麼是Hello Kitty的望遠鏡，我沒辦法幫你，你想哭就哭，媽媽陪你。」

兒子還是一直哭，但是這個場面他已經經歷過很多次，他知道媽媽聽不懂他哭哭的語言，用哭的得不到想要的東西，不過媽媽會在一旁陪伴他，等他哭完，擦乾眼淚面對事情。

過沒多久，兒子站起來，看著我說：「我要Hello Kitty的望遠鏡。」我還是跟他說：「媽媽不知道Hello Kitty的望遠鏡，你可以哭哭，也可以先跟我去買蛋糕，回來再找。」

接下來我用最簡單的肢體語言，給孩子選擇。我舉起左手說：「哭哭，媽媽陪。」然後再舉起右手說：「出去買蛋糕，回來再找。」我重複了兩次，兒子終於擦乾眼淚說：「出去買蛋糕，回來再找。」我點點頭：「媽媽了解了，我們走吧！」我站起身，伸出手讓兒子牽著我的手出門去。

晚上回到家，我把這件事說給女兒聽，女兒想了想，拿出她在迪士尼樂園買的米老鼠望遠鏡，問弟弟說：「是這個嗎？」兒子馬上把望遠鏡掛在脖子上，開心的說：「Hello Kitty的望遠鏡！Hello Kitty的望遠鏡。」我跟女兒臉上頓時佈滿三條線！整個晚上我們反覆的教兒子，那是Micky，不是Hello Kitty。

類似的狀況，在兒子兩歲多的時候常常發生，每一台車都有特別的名字，我總是找不到兒子要的那台車，兒子要不到就會躺下去哭，我一次又一次的坐在他身旁，安撫他說：「媽媽不懂哭哭的語言，媽媽等你哭完，我們再來說，好嗎？」

一次又一次，兒子用哭的方式處理事情的時間，越來越短。他知道他哭的時候，我會陪在他身邊，卻不能得到他要的東西，他也因此快速的發展他的語彙能力，想辦法跟我們用說的。姊姊每天回家不停說著學校裡的事，弟弟也在旁邊一直講。

我常常看到很多父母在孩子哭的時候，總是大罵：「有什麼好哭的？」「幹嘛哭？」「愛哭鬼！」我也看過在旁邊一臉冷漠，等孩子哭夠的人，「反正哭累了就不哭了！」我想每個人都無法接受一天到晚用哭處理事情的人，只是，我們用哪種態度面對別人處理情緒，處理完情緒之後想什麼辦法面對問題，這些後續的處理，才是重要的精髓。

我用哪種態度去面對？我又用哪種語氣去商量？這些才是重點。

我可以分享很多我跟孩子講的話，可是，不是每個父母講同樣的話，就可以跟我得到同樣的效果。我的語氣、我的態度，才是真正的關鍵。

孩子跟大人一樣，你用什麼樣的態度與語氣，去跟他商量，便決定了他接不接受你的說法，也決定了他定義爸爸媽媽是找他碴、討厭他，還是關心他卻用錯方法。

我的脾氣一向很不好，常常因為大姊頭似的語氣跟態度，吃了很多虧；在幫忙許多父母的過程中，我的直言直語也傷了不少人。態度跟語氣，還有換一種說法，一直都是我很難過關的功課。

說話的語氣與態度，可以練習

我從女兒很小的時候就開始跟她玩語氣、態度的遊戲，用餐時女兒不客氣的說：「爸爸給我水！」

餐後，我會問她：「如果同一句話，用不同語氣說會怎樣？」然後開始玩這個遊戲，用生氣的態度說：「爸爸給我水！」用甜蜜可人的態度說：「爸爸給我水！」

用要打架的語氣說：「爸爸給我水！」用溫文有禮的語氣說：「爸爸給我水！」用小貓的語氣說：「爸爸給我水！」讓女兒體驗用不同的語氣說話，然後去問爸爸喜歡哪種語氣。

有時候，我們也會加入肢體動作，例如站成三七步說：「爸爸給我水！」用日本人奉茶的恭敬姿態說：「爸爸給我水！」像在演戲一樣，嘗試很多不同的態度與語氣，隨便一句話、隨時隨地都可以玩起來。

現在孩子放學回來，常常跟我聊天，八歲的她會說：「某某很壞，他明明腳伸出來絆倒別人，別人說這樣很危險，他就會罵『屁啦！』」

我聽了就問女兒：「妳覺得他是真的壞，沒有一點優點？還是用錯語氣跟態度，去回應同學的說法？」

女兒聽了之後說：「他用錯語氣跟態度。」

女兒剛入學的時候，聯絡簿上印了許多規定，其中有一條是「不頂嘴」，女兒問我：「媽媽，什麼是頂嘴？」我表演了幾個狀況給她看，讓她理解什麼是頂嘴。

女兒說：「原來，頂嘴就是用錯語氣跟態度呀！」

我說：「對，頂嘴就是用錯語氣跟態度，表達不同的意見。小孩有意見，找得出爸爸媽媽看不到的錯誤很棒，可是用錯態度就會被說是頂嘴。其實，孩子只要學會不同的語氣跟態度，選擇一種雙方都舒服的語氣，就會是很棒的商量與溝通。」

女兒疑惑的問：「那為什麼大人要罵小孩頂嘴，卻沒有教小孩用什麼語氣說話比較好呢？」我笑笑的說：「應該很多大人也不懂吧！」

這幾年，隨著女兒越來越大，理解能力越來越強，我跟她的溝通也越來越短，當她用「盧」的方式跟我討玩具時，我只要輕輕的說：「妳確定妳用對語氣跟態度，在說服我買這個東西嗎？」

短短的一段話，女兒就會停下來，然後開始想該用什麼策略來跟我談，用什麼語氣、什麼態度、什麼說服點，是跟爸爸談比較有利？還是跟媽媽談比較有利？

我再也不需要罵她，也用不著喝止她，溝通變得相對簡單；而當我語氣不好的時候，女兒也會說：「媽媽，我知道妳這麼說一定有原因，可是妳的語氣讓我很不舒服。」

人與人之間都是一樣的，孩子面對願意好好跟他說的人，接受度也會增加，而大人面對孩子的狀況，不也是卡在孩子的態度跟語氣嗎？語氣與態度，在親子關係中是很重要的必修學分。

爸媽可以這樣做

除了文中示範的語氣的練習之外，態度的練習也很重要。同一句話用挑釁的態度跟商量的態度説，往往會帶來截然不同的結果。很多爸媽會罵孩子：「你那是什麼態度？」然而孩子內心卻只是「因為你都不聽，所以我才大聲説。」孩子無法理解父母口中的「態度」是什麼，更不懂哪些態度會讓人誤以為是挑釁，嚴重不但會惹禍上身，也會影響孩子以後的人際關係與夫妻關係。

當孩子報喜不報憂

我常在想，如果有一天，女兒也跟我面臨同樣的狀況，
我會不會希望，她可以在電話中對著我放聲大哭，
而不需要考慮我會不會擔心？

一直以來，我有偏頭痛的問題，每次只要偏頭痛一發作，我總是避免打電話回家，因為手機的電磁波會讓我更不舒服；加上打電話回家時，要刻意用若無其事的聲調說話，更是讓我疲憊。

忘了從什麼時候開始，生活順遂的時候，我比較常打電話回家；稍有不適的時候，我打回家問候母親的次數就寥寥可數。

母親常說，年輕的時候認真賺錢，一心以為等孩子長大了、獨立了，就可以好好

的養老退休。卻沒有想到，三個孩子各自嫁娶、各自有了孩子跟家庭後，她仍無法停止擔心，更從擔心兒女，擴及婿媳、孫子。一個孫子發燒住院了，遠方的她就整晚不能睡，繫在她心上的孩子，從三個變成了十二個。

自己當了母親之後，那種為了孩子煩惱，整晚不能睡的經驗，我也常常有。女兒小的時候，因為反覆感冒引發哮吼，我怕她夜晚無法呼吸，不管白天再怎麼累，我都無法好好入睡，只要女兒有點風吹草動，我就馬上驚醒。

我了解做母親的心情，於是，我打回家的電話總是報喜不報憂；慢慢的，只要一有煩心的事，那陣子我就不會打電話回家。母親似乎也知道我的狀況，只要我太久沒有打給她，就會主動問我近況。

有一陣子，先生心臟出現狀況，那種孩子還小，家中的主要經濟支柱卻生病了的憂慮，一直折磨著我，但母親打電話來的時候，我依舊雲淡風輕跟她聊著天氣，還有孩子們的搞笑行徑。

我常在想，如果有一天，女兒也跟我面臨同樣的狀況，我會不會希望，她可以在電話中對著我放聲大哭，而不需要考慮我會不會擔心？

不讓媽媽煩惱的危機

不管是兒子，還是女兒，從他們出生之後，我常常會深情的望著他們，不管他們正在做什麼，當他們意識到有眼神的關注而抬起頭來時，總會看到我滿眼疼愛的笑臉。

我忘記有多少次，我帶女兒出去玩的時候，女兒常常熱情的邀我：「媽媽，這個超好玩的！可惜大人不能玩，我好希望妳也玩玩看。」「媽媽，這個超級超級好吃的，可惜妳不喜歡巧克力口味，我好希望妳吃一口。」「媽媽謝謝妳帶我來這麼棒的地方玩，我超級開心的！」我總會笑著回答她：「妳開心，媽媽也就開心了！」

我也忘記有多少次，我一臉疼愛的看著孩子開心滿足的樣子，摸摸孩子的頭說：「媽媽最喜歡看妳笑。妳笑了，媽媽就開心了。」

我總可以在那當下，看到孩子感受到被滿滿的愛包圍著的幸福感，孩子常常會撒嬌的抱著我，跟我說：「我最愛媽媽了。」

我迷戀被幸福包圍著的孩子，我迷戀孩子開心幸福的表情，一點都不知道這樣的幸福，也有危機。

我的教養方式跟一般人很不同，我總會讓孩子勇於嘗試；如果孩子因為思考不周而犯錯，我就會帶孩子去思考問題、想解決方法。因此，在我的教養過程中，從來沒有必要用到處罰與打罵，也因為這樣，我的孩子從來沒有必要說謊與隱瞞，這是我當初從沒想過的好處。

女兒七歲入學那一年，我讓她去參加一個學校的試讀週，整整一個星期，女兒必須背著書包，一大早搭捷運，再走一小段路轉乘學校的交通車，跟朋友一起搭乘兩個小時的遊覽車，到山內的小學試讀。

在那一週內，我有時候會接到老師的電話，老師說：「彈彈的朋友小臻想爸爸媽媽，卻不記得爸爸媽媽的電話，所以彈彈幫她想辦法，請老師打電話給妳，請妳跟小臻的爸爸媽媽說，小臻好想他們，小臻一直在哭。」

有時候有別的家長告訴我，孩子在學校被別的孩子欺負，老師都沒有處理，只有彈彈起身嗆那個暴力的孩子，所以彈彈較熟的朋友，都可以免受這個孩子的欺凌。

我聽到的狀況，都是好的，女兒每天也都有說不完的話，想跟我分享；放學時，

我接回一個總是緊緊擁抱我的孩子，開心的手牽著手一起回家。然而，那時候，我總覺得女兒的開心裡，有一點點悶，卻因為每天要趕交通車的時間太早，夜晚相處的時間被上床睡覺的壓力擠壓，我們母女僅能短暫聊天，就這樣一天天的錯過。

但是我懂得，女兒入睡前堅持要我陪的次數越來越多，明明累到一躺下就睡著，卻沒有放鬆她環抱著我的手。一直到試讀結束，入學的風風雨雨過後，有一次女兒洗頭時弄到眼睛，忽然放聲大哭，那種聲嘶力竭的哭聲，好像要把所有的委屈一次哭完，也引來了先生的關心。我進入浴室，不管孩子全身溼透，緊緊的抱著她，讓她在我懷裡哭。

那一夜，哭完之後，在我的引導下，女兒開始敘述試讀那一週，雖然很開心，可是她也很害怕那個一直打人的孩子。她覺得老師的處理不是很公平，老師只對哥哥姊姊也是在校生的孩子比較好，其他孩子被打卻沒處理。那幾天雖然她跟朋友在山林間玩得開心，卻也擔起要保護那些朋友的責任，終於，她累積的壓力在那一剎那全數爆發。

等孩子情緒平復之後，我問孩子：「那妳怎麼都不跟媽媽說呢？」女兒一臉愧疚的說：「因為媽媽喜歡我笑！我開心，媽媽也會開心。」

那一瞬間，我心疼到無法自己。原來，習以為常的那句「妳開心，媽媽也開心！」卡住了這個體貼的孩子，讓她硬生生把所有的苦都吞進肚子裡，成了滿滿的委屈。

孩子跟我一樣，承擔了太多不屬於自己的責任；跟我一樣，有苦就吞下去。我們吞下自己的苦，只為了不讓別人傷心煩惱，曾幾何時，女兒也跟我一樣，承受著壓力，卻不說出口？

那一天，我抱著孩子跟她說對不起，我舉了很多太晚求救，而把簡單問題變得不可收拾的例子，來告訴孩子，太晚求救，可能會讓問題變得更嚴重。

從那天開始，我總會告訴孩子：「媽媽喜歡看到你們幸福快樂的樣子，也喜歡你們遇到問題到媽媽懷裡哭。因為我希望你們知道，再怎麼委屈，總有一個地方可以放聲哭，媽媽希望你們知道，自己從沒孤單過。媽媽寧願抱著哭泣的你們，也不願意有一天後悔，在你們委屈難過的時候，讓你們孤孤單單的哭。即使長大後，我們分開了，你哭的時候也不要覺得孤單。」

幸福的真正樣貌

我常常因為孩子的事情開心、煩惱，從我知道自己當了母親的那一天開始，對孩子的煩惱就從來沒有結束過，我喜歡看孩子笑，喜歡看孩子知道自己被愛滿滿包圍的表情。

只是，我也知道，喜怒哀樂交錯，才是人生的真味。孩子委屈的哭著時，雖然我會很心疼很心疼，但還是希望自己可以在孩子委屈的時候，緊緊的擁抱他們，而不是要孩子一個人躲起來哭。

原本我以為，孩子長大後，承擔過許許多多的壓力，才會懂得這種捨不得別人擔心的苦，沒想到女兒這樣的年紀，竟也卡在這樣的苦當中。

親愛的孩子，看到你笑，媽媽會很開心；但是等你越來越大，如果還願意到媽媽懷中哭，媽媽會覺得，這才是當一個媽真正的幸福。

爸媽可以這樣做

- 我有時候很生氣或難過的時候，會打電話給朋友，講完電話，我會刻意跟女兒說：「還好，我有朋友可以好好的聊，我怕生氣（難過）影響判斷做錯決定，有人商量真好。」
- 我也會用一些社會案例，來證明求救快慢而造成後果不同的例子，告訴孩子：「媽媽希望你有問題可以跟我求救，不要怕媽媽難過不說，後來事情越來越大無法挽救。」用各種方式來讓孩子了解，媽媽不怕難過，媽媽怕的是在「你最需要幫助的時候，不知道可以求救。」

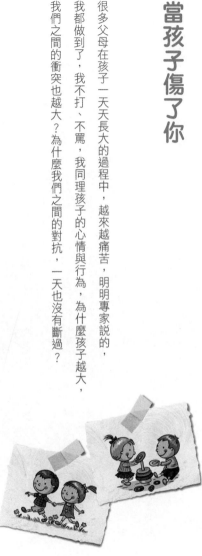

當孩子傷了你

很多父母在孩子一天天長大的過程中，越來越痛苦，明明專家說的，我都做到了，我不打、不罵，我同理孩子的心情與行為，為什麼孩子越大，我們之間的衝突也越大？為什麼我們之間的對抗，一天也沒有斷過？

我終於領略到當媽媽的精髓了。

在我叛逆的成長過程中，我永遠記得母親對我說過的傷人話語，卻不記得我曾經說過什麼，也傷了母親的心。有一年我跟母親吵架，母親氣得漲紅了臉，帶著倔強不哭的傷痛眼神，拿著包包走出家門。

我忘了自己說了什麼讓媽媽傷心的話，只記得時間一分一秒過去，我開始擔心母親再也不回家，一直到母親提著某個牛排店吃不完打包的餐點回家之後，我才安心。多年後，我和母親聊起這件事，她卻一臉疑惑：「有嗎？有這回事嗎？」

有人問我，我曾經被孩子氣到不行嗎？仔細想想好像有，卻完全記不得到底是哪一件事情。那時候我才理解當媽媽真不簡單，孩子一輩子記得媽媽給的傷，媽媽卻能瞬間忘記孩子給的痛。

當媽媽很不簡單。某天晚上睡覺時，女兒舉起腳放在我的手邊說：「媽媽，可以幫我按摩嗎？」我躺在她身邊，摸到她的腳後，告訴她：「寶貝，妳知道嗎？媽媽從前最怕碰到別人的腳底，妳爸爸有時候跟我玩，不小心用腳底碰到我，我就趕快去洗澡。所以，妳知道嗎？從妳出生到現在，我每次幫妳按摩腳的時候，是用多～麼～光～輝～的母愛才做得到呀！」

女兒聽到我誇張的描述，笑彎了腰，平常很愛搞笑的我們，常常這樣玩著。隔天，載女兒下課時，我跟女兒在車子後座又玩了起來，我假裝要熊抱女兒，女兒卻舉起她悶在鞋子裡一整天的腳來推開我。襪子碰到臉後，我生氣了，當場跟她說：「妳玩過頭了，我昨天就跟妳說過，媽媽最怕別人的腳底，妳今天竟然拿媽媽最怕的東西來對付我，妳這樣太傷人。」說完，我轉頭過去不再理她，她一直說著對不

起，我卻不再多說一句話。

那天晚餐是女兒最討厭的咖哩飯，我告訴女兒：「如果拿別人最怕的東西攻擊人這麼好玩，那媽媽也要玩，今天妳就把這整碗咖哩飯吃完吧！」

那晚，她一句話也不敢抱怨，吃完了整盤咖哩飯。飯後，我告訴女兒：「拿別人最害怕的東西攻擊對方，那是用來對付敵人的招數，妳覺得媽媽是妳的敵人嗎？」女兒搖搖頭說：「不是，媽媽對不起！」

我繼續跟孩子說：「其實，妳知道嗎？媽媽最氣的是，妳明明知道媽媽怕的是什麼，卻故意這樣做，那行為背後的動機就是想傷害我，讓我害怕；就好像我明明知道妳討厭吃咖哩飯、害怕被針灸，我卻硬逼你去做，那種感覺妳要記得，非常非常的不舒服。」

最後，我們終於和解了，睡覺前我們母女還是親親抱抱不停歇。我心裡想，當媽媽真不簡單，再氣的事情，都可以放下。

在我的認知裡，孩子的任何狀況都可以找到辦法處理，在我們家中不需要處罰。一般家長最常用來處罰孩子的方法中，我最沒辦法接受的就是「剝奪孩子的快樂」。孩子不愛讀書，可能是有學習的障礙，家長卻要剝奪孩子看電視的時間，這樣的處罰不但無法陪孩子克服學習障礙，還會把「我不想讓你好過」的心態，帶給孩子。

於是，「我不想讓你好過！」「我不想讓你過太爽！」「我要讓你很痛苦！」的心態，在孩子長大後，又會變成另一個家庭間的傷害，甚至演變成社會案件，所以我不樂見大人把這種傷人又傷己的心態傳給孩子。

同理，更要處理

女兒還小的時候，曾跟別人搶玩具，發生衝突，我抱著孩子同理說：「妳一定很想要那個玩具吧？」是的，我同理孩子很想要的心情，但是我也理解孩子需要的協助是建立物權觀念、學習怎麼跟他人借東西，同時也要學會尊重別人拒絕的權利。

回家後，我會買個屬於我自己的玩具，讓孩子一次又一次跟我借玩具；我也會跟孩子借玩具，趁機示範各種不同的借法，以及我怎麼尊重她拒絕的權利。

當我看到孩子在附有卡拉ＯＫ的民宿中，拿著麥克風，堅持「我正在使用」而不放。我同理她的心情，也理解該協助孩子處理的，是她不懂在ＫＴＶ中，輪到誰點的歌，麥克風就該到誰的手上。所以，我帶她去ＫＴＶ唱歌。

我同理孩子，也在孩子的狀況中，看到他們需要協助的點，然後幫助孩子突破關卡。因為我看過很多「同理，卻不處理」的父母，後來遇到的問題有多棘手。

曾經有個孩子「因為怕媽媽的錢被別人拿走」，所以從媽媽的皮包中，把錢拿走藏在自己的皮包裡。父母同理孩子的藉口，卻沒有去處理孩子對於物權的觀念，也沒有處理孩子不懂「不管你用什麼理由，未經別人的允許拿別人的東西，就是偷竊」。沒有處理孩子卡住的點，只會讓孩子的狀況越來越嚴重。等到孩子在學校偷了別人的東西，難道媽媽還要去同理孩子偷竊的心情嗎？

我也看過，有孩子小時候一遇到事情就哭，媽媽堅持其他家人不准說：「不要哭！」也堅持孩子能哭就是好事。於是，孩子遇到別人不想跟他玩的時候哭，誤會別人出賣他的時候哭，拿不到想要的東西的時候也哭。

日復一日，媽媽總在孩子哭的時候，擁抱、同理孩子，肯定孩子有哭泣的權利，同理別人不跟他玩，心情一定很難過，卻忘記去處理孩子應該要「尊重別人有拒絕的權利」，也沒有協助孩子學會「邀別人一起玩，有很多種方法」；同理孩子拿不到自己想要的東西時哭，卻沒有協助孩子「想想還有哪些方法可以得到自己想要的東西」。

於是孩子快十歲了，一不如他的意，就在學校放聲大哭，所有的孩子都不願意跟他一起玩，孩子與媽媽卻指責都是別人的問題。

協助孩子突破關卡

女兒八歲這一年，在山上的小學念三年級，每天回家她會先寫功課，寫功課時，隨時想到就要跟我抱抱。有一天她一回家馬上衝過來要跟我擁抱，然後對著兩歲十個月的弟弟說：「我要自己抱媽媽。」跑輸的弟弟看到姊姊擁抱著我，放聲大哭，也要我抱他。

我抱著女兒，沒有說話，然後女兒嘟起嘴說：「白天媽媽都陪弟弟，我想要回來

有一個人的抱抱時間。」我聽到女兒這樣說，笑了笑：「傻孩子，媽媽知道妳回家想要單獨抱媽媽的心情，但是不管我抱誰，我都愛你們。妳現在轉頭看看妳那哭得很可憐的弟弟，想想看這是妳要的嗎？」

女兒轉過頭看著哭慘的兒子，我又問她：「妳希望我是一個小孩說要抱抱，我卻不抱他，放著他哭的媽媽嗎？」

女兒搖搖頭說：「不是！」

我說：「妳看到弟弟這麼傷心，妳覺得很開心嗎？」

女兒搖搖頭說：「不開心，我也很心疼。」

我繼續說著：「那麼，媽媽不管單獨抱誰，我都愛你們，不抱也愛你們。而妳既然不想讓媽媽變成一個壞媽媽，弟弟哭慘的時候妳也不開心，那麼有沒有別的辦法，讓媽媽可以不當個壞媽媽，弟弟也不會這麼傷心？」

女兒聽一聽，離開我的懷抱，蹲在弟弟身邊說：「我們一起跟媽媽抱好嗎？」

於是弟弟擦乾眼淚，拉著他姊姊的手，一起走到我身邊，三個人在沙發上抱在一起。我一手抱著一個孩子，在孩子的耳邊輕聲的說著：「不管我在哪裡，不管我抱誰、沒抱誰，不管我有沒有在你們身邊，我都很愛很愛你們。」

兩歲十個月的兒子開心的抬起頭說：「我宇宙無敵超級愛媽媽跟姊姊。」

在孩子甜蜜的撒嬌中，我想起了很多「只有同理，卻沒有處理」的父母，他們面對的是一次又一次的親子衝突。如果我只同理姊姊一整天看不到媽媽，弟弟卻整天在家中有媽媽陪的心情，卻不協助孩子看懂她沒看到的盲點，那麼之後每一次，我單獨擁抱弟弟，就是我只愛弟弟；我必須不管弟弟在哭，只能單獨擁抱姊姊，一次沒做到，女兒就會覺得「妳明明知道我會不舒服，卻還是這樣做。」「媽媽就是故意要傷害我。」那種憤恨會更嚴重，親子衝突也會更難解決。

大人要傷孩子很簡單，而隨著小孩長大，要傷父母也很簡單。我在成長過程中，就不只一次對著父母的痛處，直接出手攻擊。

這幾年，我看到很多父母在孩子一天天長大的過程中，越來越痛苦，明明專家說的我都做到了，我不打、不罵，我同理孩子的心情與行為，但為什麼會孩子越大，我們之間的衝突也越大？為什麼我們之間的對抗，一天也沒有斷過？

慢慢的我才懂，當父母同理孩子，孩子就會以為自己的行為很合理，以為爸爸媽媽懂了，便「放下」了，但是因為父母沒有處理孩子行為背後卡住的地方，孩子就會一次又一次的犯錯，然後等著父母的同理。也因為以為爸爸媽媽都能理解，所以只要爸爸媽媽一糾正他，孩子就會陷入那種「明明你都知道，為何還要這樣傷我？」的情緒中。

我看到越來越多的父母，辛苦的收拾以前「同理，卻不處理」種下的後果，這時候我才懂，當父母不簡單，既要同理小孩，還要看懂孩子的狀況到底該怎麼協助。不然，同理了卻沒處理，在下次同樣狀況產生的時候，就引爆更大的問題。

一次又一次的挑戰著，到底孩子會對「父母明明知道我不舒服，卻還這樣傷我」記恨一輩子？還是父母可以快速遺忘孩子給的傷害？

親子之間不是敵人，不需要這麼殘忍的對準對方的痛處，用力往下踩，很多的狀況，只是誤會。

同理孩子的時候，也要處理孩子問題的癥結，心結才不會越積越大。

爸媽可以這樣做

✱「同理，也要處理」可以在很多地方活用，例如：「我同理你很想買卻不能買的心情，不過，我們來看看在這裡買這個東西，算不算聰明？」「我能了解你今天沒跟到爸爸媽媽去吃拉麵很難過，不過，你真的希望因為你去上課，我跟爸爸就不能自己去吃一頓自己想吃的午餐嗎？」

✱另外，也可以用各種遊戲來教孩子了解，什麼叫做「玩過頭」，可以跟孩子一起想案例，玩車車玩到去撞人、害人受傷就是玩過頭。

part 3

看懂孩子，也要教孩子看懂

不只教養像闖關，孩子的成長更是！
在孩子的「成長ONLINE」當中，
你要協助他找到打怪的裝備與寶物，
讓孩子學會自己過關斬將？
還是走在他前面，幫他清除障礙，
讓孩子下次遇到狀況，依然不知道該怎麼辦？

教孩子看懂，自己真正想要什麼

女兒的抗議聲很大，在前面開車的我問她：「妳這麼大聲跟我說，是希望我做什麼？希望我揍弟弟，當一個會打小孩的媽媽？還是希望我不要弟弟了，當一個會把小孩丟路邊的媽媽？」

年少的時候，家鄉的書店吸引人的課外讀物不多，我也沒有太多零用錢可以買書，最常去的地方反而是鎮上的租書店，店裡從漫畫到各種言情或羅曼史小說都有，看書速度很快的我，常常一看就是一整排。在那個年代，沒有人會教我們什麼是情感，愛情這種東西，都是從小說、電視中學到的。

也因此，第一次談戀愛時，常常跟男朋友吵架。跌跌撞撞走過那一遭之後，我慢慢回想，很多爭吵往往源自於我心中的小劇場。那個小劇場，每到特別節日之前，就會開始上演，幻想那天男友就該送我一束花，而且貼心的安排一整天的節目，兩人甜甜蜜蜜的共度佳節。

我的小劇場從好幾天前便開始上演，一直到了節日那天的傍晚，當我發現小劇場在現實中始終無法開演，我的情緒便會爆發。

後來我也發現，很多人與人之間的爭吵或糾紛，都肇因於「不如心中的預期」。某天好不容易可以抽身，單獨出門辦點事情，回家的路上我還想著，孩子應該洗完澡、吃完飯、做完功課了。沒想到回家後，爸爸跟孩子一起癱在沙發上看電視、吃餅乾，開心得大笑，飯沒吃、澡沒洗，水槽裡滿是用過未洗的碗盤杯子。看到這種景象，哪一個媽媽心裡不會燃起熊熊怒火？

以前的我，總是堅持「你愛我就該知道，我們相處這麼久你就該了解」，一直到了讀政治之後，有位老師告訴我：「常有人抱怨別人不懂他，可是政治人物卻都希望自己成為一個別人看不懂的人，因為只有這樣，才不會讓人看透自己的下一步。讀政治的人，應該要想盡辦法看懂別人，而不要讓人看懂自己。」

後來的我，常常想，我真的希望先生完全懂我在想什麼嗎？我希望他知道我心中隱隱約約對某個男孩的愧疚？我希望他知道我心中有一點點的小惡劣？我希望他知道我接下來想做的任何事情嗎？

憑良心講，我一點都不希望他知道。如果我一點都不願意他看透我，那我為何還要求他知道我沒有說出口的內心小劇場？

想通了之後，往後我就明講了：「我出門辦點事情，回來時請幫小孩洗好澡、吃完我準備的飯菜，碗筷跟家裡的玩具都收好，謝謝！」「今年我的生日禮物要○○○，要記得喔！」

隨時提醒自己「要的是什麼」

女兒小學三年級的時候，假日偶爾會在我娘家寫作業，我母親每每稱讚她：「字寫得很漂亮。」可是其實我們都知道，女兒的字，在她們班上算是寫得醜的了。

我看過很多媽媽，早上檢查作業，發現孩子字寫得太醜，一氣之下全擦掉，讓孩

子來不及交作業，哭著出門。我也看過有媽媽在孩子寫作業時，就坐在身旁，孩子寫醜一個字，媽媽立刻拿著橡皮擦擦掉，然後一直罵，孩子反覆重寫，小小的肌肉過度施力，又痛又氣的邊哭邊寫。

先生曾經問過我，為何從來沒有要求孩子字寫漂亮？老師一直在聯絡簿上寫「字請寫漂亮一點。」我卻像沒看到一樣。於是我反問先生：「小時候，你爸爸有沒有要求你寫字端正？」先生說：「我爸當過警察，他要求超嚴格，有時還會撕本子。」我點點頭說：「那，你寫字漂亮嗎？」

聽到這個問題，先生就不說話了，他第一次寄情書到我家的時候，我媽看著信封，說了句：「你男朋友的字，好像螞蟻被水燙到在掙扎一樣。」這句話，讓我笑了很久。

而我跟先生不同，我媽媽從來沒有要求過我的字體。剛上小學時，導師是我的舅媽，舅媽安排我坐在一個女孩身邊，這個女孩寫的字呀！比教科書漂亮太多了，看她寫字是一種享受，讓我羨慕不已，所以回家後我會主動練習，希望自己也能寫得那麼漂亮。

當了媽媽後，我雖然知道字體漂亮的好處，但是我更知道，無視小孩肌肉痠痛，硬逼出來的字體，跟一次又一次擦掉作業，打擊孩子自信心的痛楚，將會是孩子一輩子的陰影。看一個人的字體，就可以看出這個人的自信與豁達，也可以看出這個人的自卑與拘謹。

小時候因為父母要求字體，而造成的痛苦與自卑，會跟著孩子一輩子；長大之後沒人盯著看字的時候，那字體就會把孩童時候的自卑，完整的展現出來。父母從小要求卻傷得太過，得到的當然不如預期。

我特別注意這些小事情，我要的是孩子一輩子有自信，她的字自然會展現她的自信，而不是為了要求字體端正，毀了她的自信，甚至要求孩子跟自己的身體作對。我選擇請老師多給我一份作業，然後女兒寫一份，我寫一份，我來示範到底什麼叫做「端正的作業」，什麼是「看得出認真的答案卷」

育兒的這一路上，我一直在提醒自己、隨時問自己：「我要的是什麼？而我又正在做什麼？」唯有把這個問題想得透徹、想得清楚，我才能夠不拿現在的石頭，砸自己未來的腳。

引導孩子思考「自己要的是什麼」

如果連我們大人，都會不知道自己到底真正要的是什麼，又在做什麼了，更何況是孩子？

有一天，我開車載兩個孩子去上課，兒子坐在後座的安全座椅上，女兒坐在他的旁邊，途中我聽到女兒大聲喊著：「媽媽，弟弟用腳踢我，我坐他旁邊，他一直用腳踢我。」

女兒大聲抗議著，我心平氣和問她：「妳這麼大聲跟我說，是希望我做什麼？希望我揍弟弟，當一個會打小孩的媽媽？還是希望我不要弟弟了，當一個會把小孩丟路邊的媽媽？寶貝，妳可以告訴我，妳要的是什麼嗎？媽媽該怎麼做呢？」

聽到我這樣說，女兒安靜下來，想了又想，然後說：「我不知道，媽媽幫我想辦法。」

女兒這樣說，我就用台語搞笑的回答她：「遇到事情，可以自己想辦法的人，人生是彩色的；凡事要別人想辦法，人生是黑白的。」

女兒笑了，問：「為什麼？」我回答：「有些人生病了，凡事都要別人幫忙處理，這樣的人生不是很可憐嗎？什麼事都能自己處理，才是最幸福的。就好像弟弟坐在安全座椅上，他可以活動的空間不大，他的腳只能這樣踢；妳一個人有兩個人的空間，只要往旁邊坐一點，他就踢不到妳了，可是妳不想辦法自己幫自己，卻要跟我告狀弟弟踢你，那妳要我怎麼辦呢？如果妳是媽媽，妳會怎麼處理呢？」

女兒說：「我也不知道我到底希望妳怎麼做？」

我微笑告訴她：「寶貝，如果妳自己都不知道希望我怎麼做了，我怎會知道怎麼做，妳才會滿意呢？我又不是妳肚子內的蛔蟲。」

這樣的對話在我家常常發生。我常常問女兒：「妳要的是什麼？需要我做什麼才能讓妳好過？」我也常常問：「妳現在需要做的是什麼？而又在做什麼？」「你要選擇一直哭？還是要想辦法？」讓孩子常常去想，她到底要的是什麼，又在做什麼？讓她自己慢慢想，自己要的跟自己做的有沒有連結。

或許孩子就跟大人一樣，也沒認真想過，那些大聲的抗議跟抱怨，要的到底是什麼？而他們又正在做些什麼？

- 孩子跟大人一樣都會用暗示法，暗示自己多想要某個東西、或想加點某個食物，父母知道孩子後面的意思，往往直接拒絕或達成孩子的願望，而我會請孩子明講自己要的是什麼，並引導他們用合宜的方式表達需求。

- 如果孩子用了讓人不舒服的方式要東西，例如大聲地撒嬌或生氣，爸媽可以問他們：「你確定你有用對方法，去達成你要的目的嗎？」藉此協助孩子思考自己是不是用對方法、還有沒有其他更好的方式，更能達到自己的目標？

教孩子看懂，練習的重要

我們一直都是因為被善待，才懂得善待人，但是，要讓孩子看懂這背後的原理，孩子才不會以為所有的善待都是理所當然，而是因為在善待的背後，有一顆尊重她的心。

女兒四歲多的時候，有一次我們在陽明山的草地上鋪野餐墊，一邊賞櫻一邊讓孩子在附近玩。中午用餐時，我拿出女兒的餐具組，裝了飯菜，讓她跟朋友們坐在野餐墊上野餐。

孩子們圍在一起用餐，說說笑笑，偶爾會放下手中的飯碗，伸手拿別的食物。這時候來了一個年齡差不多，卻發展遲緩的孩子小家，動手打翻了許多野餐墊上的東西，孩子們放聲尖叫、抗議，開始忙著收拾東西。

沒想到小家拿起女兒的碗與湯匙，開始吃了起來。看到這樣的景象，女兒又氣又急大聲的哭了；小家看到女兒哭了，又把那口飯吐回飯碗裡，這下女兒反應更激動，我抱著女兒什麼話都不說，拍著她的背，讓她的情緒慢慢緩和下來。

後來，我試著讓孩子知道「小家不懂不能這樣吃別人的飯」，女兒卻堅持「她已經這麼大了，又不是小貝比，怎麼會不知道呢？」一直到那天晚上，女兒用餐時，飯菜不小心掉到桌椅下面，餐後我帶著女兒蹲下，要她看看哪些人的位置下掉了很多飯菜，哪些人的座位下沒有掉飯菜。

女兒看完之後，指著自己的位置，尷尬的看著我。我跟女兒說：「其實妳也知道要好好的吃飯，不可以掉滿地。可是妳的手還不穩，沒有辦法控制餐具，所以要多多練習，就像爸爸媽媽，也是吃飯吃了好幾年之後，才比較穩的。」

女兒問：「那我要到什麼時候，才能不掉飯粒？」我笑著說：「每一個人練習的速度不同，有些小孩很快就學會了，有些人就算一輩子也學不會。」

女兒一臉驚訝問我為什麼，我說：「有些孩子生病了，腦袋不一定可以控制自己的手，他們需要練習的時間，比別人多很多，有時候要練習一輩子。可是，妳想想喔！這是他們的錯嗎？」

女兒搖搖頭說：「不是！」我抱著女兒說：「那就對啦！寶貝，媽媽有因為妳手拿不穩，掉了飯菜而打罵過妳嗎？」

女兒又搖搖頭，我繼續說：「寶貝，爸媽不會罵妳，而是會帶著妳一起收拾，只是想要告訴妳，我們很尊重妳有練習權，練習使用妳的手與腦。當妳在練習的時候，我們會陪妳慢慢來，不會逼妳一次就會。小家她生病了，她需要練習的時間，比妳多很多，她需要很多很多的練習，妳也可以一起尊重她的練習權嗎？」

我們談了很多的疾病造成的手腳不協調，哪些疾病會導致大腦無法控制肌肉，因為不同的狀況，練習需要的時間也不一樣。從那之後，女兒終於釋懷了。

陪孩子一起練習

有時候我常常在想，很多大人長大後就忘記了自己曾經是個孩子，童年時曾經一

路跌跌撞撞，忘記了當孩子時的心情與角度，忘記了小時候的無能為力。

而孩子也是一樣，這麼努力學騎腳踏車，會騎之後，再看別人學習，就會忘記自己也曾經努力練習過，忘了別人也正在努力著。

我很感謝有機會在女兒一路的成長中，好好的陪著她，在團體中看她與別人互動，當她不懂怎麼跟別人交朋友的時候，我不怨別人怎麼不跟她玩，而是陪著她，示範給她看：「嗨！妳好！我是彈彈媽媽，我可以跟妳一起玩嗎？」「哇！妳在玩辦家家酒嗎？我當客人好不好？」

當孩子不知道怎麼拒絕人的時候，我陪著她練習：「謝謝妳的好意，但是我不需要。」「謝謝妳，我現在不餓。」

當她還小，伸手要去揮擋住她動線的孩子時，我回家一次又一次的示範著：「不好意思，借過！」直到有一次，我們外出用餐，已經六歲多的她，拿著餐盤被一群大人擋住，慌亂投給我一個求救的眼神時，我用嘴型告訴她：「借過！」女兒馬上意會過來，原來要在這個情境下使用。

那時候的我才懂，孩子的練習要一次又一次，有耐心、緩慢的，等時機到了，孩子便能真正發揮出來。

這樣的練習，看起來很沒有效率，很多父母覺得罵下去就好的時候，我選擇陪孩子一起練習，而且不急著要孩子一次就會，不要求孩子「媽媽講過了就要會」。

有了第二個孩子之後，女兒其實已經很熟悉練習的概念了。在我懷孕的時候，很多朋友有意無意說的話，讓她很害怕，她常常問我：「媽媽，弟弟會搶我的玩具嗎？」

我回答：「當然會！」她也會問：「媽媽，弟弟會打我嗎？」我就告訴她：「姊弟一定會打架，我小時候還咬過舅舅，到現在他手上都還有疤痕。」

每次聽到這樣的回答，女兒就會顯得慌張，但是我總會跟她說：「弟弟剛生出來的時候，一定會有很多不懂的事。不懂得借東西，就用搶的；不會說話，就打人，到時妳可以陪他練習嗎？練習怎麼用說的，練習怎麼跟人借東西？」

女兒聽完點點頭說：「就像妳陪我練習一樣嗎？」我回答：「沒錯，就像我陪妳練習一樣，寶貝，妳希望媽媽陪著弟弟練習嗎？」

女兒說：「媽媽陪弟弟練習，我也會！」

於是當兒子一天天長大，去遊樂園不會排隊，女兒回家陪他練習怎麼排隊；為了跟姊姊玩，撕了姊姊的課本，女兒哭完了就會說：「我只是很傷心課本破了，但是我知道弟弟根本不懂什麼是課本，他還需要練習。」

一點一滴，孩子慢慢了解練習的重要之後，其實就能夠避免很多衝突。

因為被尊重，才懂得尊重人

兒子一歲多的時候，家裡有人送了一台遙控車，兒子沒見過遙控車，對他來說，車子是拿在手上嚕的。爸爸很興奮拿著遙控器開心的說：「弟弟，玩車車！」然後遙控車就跑了起來，小小孩就嚇到哭了，跑過來討抱。

已經七歲多的女兒，便跟爸爸說：「爸爸，弟弟嚇到了！他不知道為什麼車子沒有嚕就會跑，還發出怪聲音。爸爸，要陪弟弟練習。」

先生這才知道要抱著兒子，讓他心安、感覺有人保護，兒子拿著遙控器，女兒陪坐在一邊，協助兒子操作遙控器，一邊告訴弟弟「這是遙控器，往前推，車子就會往前跑，往後拉，車子就往後跑喔！」一次又一次，一次又一次，一直到兒子展露笑容，不再害怕。

看到這一幕，我的心中很安慰。我們一直都是因為被善待，才懂得善待人，但是，要讓孩子看懂這背後的原理，孩子才不會以為所有的善待，都是理所當然，他們才知道善待的背後，原來有顆尊重她的心。

我在女兒需要練習的時候，尊重她的練習權，也尊重她練習的時間與速度，讓她看懂我為何這樣做，她才懂得怎麼去尊重另一個人的練習權，尊重每個人總有不同的速度。

孩子有時候其實不是要改變對方，他們卡住了，需要一個可以理解的說法。而這個說法，就跟大人一樣，大人需要練習，孩子也要練習，我們互相尊重著彼此的練習權。

孩子懂了練習的概念之後，還可以引導孩子去看看父母的練習權，我會跟孩子說：「你是出生那一天開始練習在這個世界生活，而我是你出生那一天才剛開始練習當媽媽，練習跟你找出最好的相處方法，如果我有不會的或讓你不舒服的地方，你要告訴我，也要等我好好練習，好嗎？」「我不太會處理這個狀況，如果你是媽媽，你要怎樣處理比較好呢？可以教我，讓我練習看看嗎？」讓孩子看到父母也在學習，是很棒的身教。

教孩子看懂，別人的立場

當我一手要顧著爐上的菜，一手因為兩歲多的兒子討抱而手忙腳亂的時候，女兒會看到我的困難，馬上把弟弟帶到房間，耐心陪弟弟玩，然後說：「當媽媽真不容易。」

有位網友，在我第一次舉辦活動的時候，不畏當時已經有颱風快來，堅持從花蓮來參加，我們花了一些心思，一起解決了她孩子的狀況與問題。後來又有一次新書發表會，我就堅持辦在花蓮。

為了那一場演講，不只我們全家提早去花蓮，還有幾個家庭也同行。那一天，所有孩子全在小齊家玩，小齊家有個孩子專用的遊戲室，孩子們在那裡簡直玩瘋了。

直到夜色低垂，我們在返回民宿的車上，當時六歲的女兒氣呼呼地說：「我最討厭阿生了！」

我問她怎麼了，女兒很生氣的說：「要離開的時候，我就說大家一起把玩具收一收吧！結果大家都說好，只有阿生不收玩具，一個人跑走了。小齊、草莓大家都有收玩具，阿生明明也有玩，為什麼就不收玩具？」女兒很氣憤一直念一直念。

我抱著女兒，義憤填膺地說：「對呀！這種感覺超級生氣的，對不對？明明阿生也有玩，媽媽有看到他玩遊戲車組，還有玩籃球，原來都沒有收玩具呀！真是太差勁了。」

我這麼說，就好像往女兒的火氣裡，再倒一桶油一樣，她的怒火燃燒得更旺了。她更生氣的說：「對呀！我超討厭這種人的！怎麼會有人這麼討厭呢？叫他來收玩具還不要。」

我說：「媽媽懂妳的感覺。這種不自己收玩具，要別人幫他收的人，真的太過份了，真討厭！會讓人氣到爆炸，對不對？」

女兒還不知道已經落入我的陷阱中，跟著說：「對，氣到爆炸了。」

我一臉憤怒的附和：「我懂，我懂，我也常常這樣幫一個小孩收玩具，明明都是她在玩的，我又沒有玩，為什麼都是我要收玩具？這樣太不公平了，我也常常氣到整個人快爆炸耶！寶貝，妳今天的感受媽媽都懂，媽媽常常這樣被對待呀！」我越說語調越憤怒。

這時候女兒終於懂了我在說什麼，怒火轉眼煙消雲散，笑笑的說：「其實，阿生也沒那麼過份啦！小孩有時候會這樣，玩一玩就懶得收呀！媽媽不要太在意喔！」

我告訴女兒：「明天媽媽一定要買個禮物給阿生，謝謝他！」女兒不解的問：「為什麼要買禮物給他？」我笑著說：「因為他讓我的寶貝女兒懂了媽媽的感受，光這一點，我就該好好感謝他。」

這時候，女兒很不好意思的說：「媽媽，別生氣嘛，我下次一定記得收！」

引導孩子從不同角度看事物

小時候，我常常覺得母親給的關愛不夠多、母親是個難以親近的人，一直到我自

己當了媽媽，我才真的體會到，母親不只是母親而已，母親也是一個女人、一個妻子、一個女兒、一個姊妹、一個員工、一個媳婦、一個大嫂或弟媳⋯⋯。

當我變成媽媽，有個孩子仰望著我，渴求著我的每份關愛，我才懂得身為一個女人，站在母親這個角色當中，有多少的感受，只有當過媽媽的人，才能夠真正的懂。

我一直到當了母親之後，甚至是當了兩個孩子的媽之後，才真正懂得轉換自己的立場來看自己的母親；而在面對孩子的時候，我又必須轉換立場，站在孩子的角色中看孩子。在生活中，我的立場反覆的翻轉著，讓我去面對許許多多的狀況。

在面對孩子的怒氣時，我才懂，所謂的「感同身受」，不是由媽媽碎碎念去告知孩子，而是在孩子有同樣感受的當下，教孩子「媽媽也有這樣的感受，而給我那個感受的人是你」。

孩子是一個很單純的靈魂，從出生開始一直專注的活在自己的世界中，餓了就哭，不管別人有沒有空；尿布濕了不舒服也哭，不管媽媽是不是正在睡夢中。

我們總是忽略，希望孩子變成一個懂得「感同身受」的人之前，他們的人生要先經歷過多少的「感受」。孩子必須練習轉換立場看事情，他們面對不同狀況的轉換能力與應變能力，才能展現出來。

因此，我常常在孩子的衝突中，讓孩子各自思考對方的立場，我常常在女兒丟給我問題的時候問她：「如果妳是我，當一個媽媽遇到這樣的狀況，妳會怎麼處理？」

我也常常在她敘述學校狀況的時候問她：「如果妳是老師，妳會這樣規定嗎？有沒有更好的方法可以處理呢？」在面對一個還是小嬰兒的弟弟時，我也會問她：「如果是妳，妳要怎麼教弟弟收玩具？」

這樣的轉換練習，不但慢慢形成了我跟孩子之間的日常對話，也成為很重要的學前訓練。一直到孩子入學之後，我才發現這個練習，有助於孩子理解老師的話語與背後真正的意思，也能夠轉換書籍裡面的意思與狀況。

當我一手要顧著爐上的菜，一手因為兩歲多的兒子討抱而手忙腳亂時，女兒會看到我的困難，馬上把弟弟帶到房間，耐心陪弟弟玩，然後說：「當媽媽真不容易。」

感同身受其實並不難

女兒七歲那一年，弟弟才一歲多，有一天弟弟生病發燒了，整個人懶洋洋的，女兒坐在他的身邊抱著他，兒子的體溫很高，女兒越抱就越慌越急，然後哽咽的說：「媽媽，求求妳帶弟弟去看醫生吧！」

我看著女兒恐慌害怕的心情，問孩子說：「寶貝，妳很擔心對不對？這種感覺叫擔心，每次你們生病，媽媽都是這種感覺；每次妳太晚回家，媽媽也會擔心；這種感覺如何呢？」

女兒聽到我這樣說就哭了，她難過的說：「媽媽，這種感覺很不舒服，我好擔心弟弟一直發燒下去。」

我坐在沙發上抱著女兒跟兒子，安慰她說：「弟弟只有發燒，沒有別的症狀，媽媽有先給他吃藥了，現在這麼晚，醫院只有急診，而這種像感冒症狀的病，要先觀察一下，不一定要去看急診，媽媽會整晚陪弟弟，觀察他的狀況的。」

女兒抬起頭來問：「媽媽，每次我生病，妳也是跟我擔心弟弟一樣的擔心我嗎？」

我笑笑地說：「妳小時候更可怕，反覆感冒鼻子塞住，睡到一半會忽然像沒呼吸一樣，媽媽怕妳晚上呼吸中斷，根本不敢睡；妳發燒超過三十九度還會熱痙攣，整個人眼睛上吊口吐白沫，媽媽怕妳發作的時候，嘴巴鼻子被棉被蓋住，沒辦法呼吸，一整晚看著你。每次妳一生病，媽媽不只擔心，還要熬夜看書，只怕自己睡著，沒有好好照顧到妳。」

女兒聽了，甜甜地說：「媽媽，我懂了！原來這叫做擔心，而擔心的感覺真的很不好受，謝謝妳！」

多年來，我始終覺得人的感受很難傳達給另一個人，但是，如果自己能在感受的當下，轉換立場去想想別人也曾有這樣的感受，這樣的轉換能力，才是真正的感同身受。

從小到大，我很少真的理解，我做的事會讓母親擔心；但現在我知道了，原來不管我怎麼跟孩子說：「妳這樣，我會擔心！」只要孩子沒有真正的體會過，就根本無法理解母親的話。

父母罵孩子太晚回家的時候，孩子如果卡在不懂擔心的概念，就無法領略父母的責罵是擔心，只會生氣父母又罵他了。

其實，誰說孩子不懂擔心？擔心母親會不會在下課的時候來接我，跟母親在家裡擔心著晚歸的孩子，是同樣的感受。

孩子擔心著出去玩的那天會不會下雨，跟父母擔心著下雨天孩子有沒有帶傘，也是一樣的。

我讓孩子在每個情緒的當下完整的感受，也教他們轉換角度去看別人的感受。在女兒每次理解我感受的當下，我總會告訴孩子：「謝謝妳懂我的感受！」

爸媽可以這樣做

- 人與人的相處，一定都會因立場不同而有不同感受。今天孩子借不到玩具很難過，下次也可能面對別人要借玩具，可是捨不得出借，因此，爸媽應該把握每個狀況，讓孩子練習理解自己當下的感受。
- 「借不到東西很難過吧？媽媽懂這樣的難過，媽媽陪你玩。」下次孩子不借別人玩具，也不用逼著孩子一定要跟別人分享，可以告訴孩子「自己的玩具還很想玩，很捨不得借出去吧？」「這個人不熟，怕自己的玩具不見，所以你才不想借嗎？」「你懂借別人東西的擔心，也懂借不到的心情了吧？」把握孩子每次遇到的情況，陪孩子理解當下的立場，然後練習轉換立場思考，讓孩子習慣在一件事情中看雙方立場。

教孩子看懂，別人對我們的好

很多父母都怕孩子受傷，所以當別人一說起孩子的狀況，就會渾身警戒，幫孩子反駁找藉口，深怕孩子被人討厭。卻忘記了要教孩子珍惜這樣的機會，珍惜還願意跟你說出真話的人。

專科畢業前，我們常常在報紙上看到女孩子應徵工作被詐騙的報導，所以那段時間我跟室友常常一起窩在宿舍看求職訊息，一起丟履歷，也常常一起去面試。好幾場面試下來，我只覺得面試官好像欲言又止，卻一直想不通到底怎麼了。

後來有一次，我又跟室友一起去面試，一進到那棟辦公大樓，我心裡還想，「還好這次有跟朋友一起來，這棟大樓的走廊燈光好暗！」面試結束前，那位男主管放下我們的履歷，然後問了我們一句話：「為什麼妳們會一起來面試？」

我們兩個人互相看了一眼，我開口說：「看到社會新聞的報導，想說兩個人比較能互相照應。」

面試官點點頭說：「可是妳們沒有站在面試主管的立場來考慮，第一，妳們兩個一起面試，如果只想錄取其中一個會很為難，這時候萬一後面有其他不錯的人，就會馬上刷掉妳們。第二，找員工的時候，我們很怕遇到沒有辦法獨立作業的人，通常那種找工作還要爸爸、媽媽、朋友、男朋友陪的人，我們都不會考慮的，尤其是外商企業，妳們知道嗎？」

聽完面試官的這段話，我有點傻眼，當時我本來還想頂回去，結果還是謝謝對方後一起離去。回到宿舍，我們也沒有討論這件事，只是後來就各自去面試了。

多年之後，不管是去到更奇怪的辦公室面試，還是大學畢業後進入政治圈，我都打開自己的警覺系統，並且做好防備，然後一個人按門鈴走進去。

這麼多年來，我從沒忘記那位面試官說的話，他讓我懂得轉個方向，站在主管的立場去考慮事情；也讓我懂得很多事情不必靠別人，自己好好想辦法就能獨立把事

情完成。

那位面試官大可等到我們離開，把履歷丟回給人事單位，罵句：「沒斷奶的小孩！」可是他卻願意在那個當下，明知說的話不中聽，也要點一點我們這兩個社會新鮮人。他沒有必要告訴我，卻讓我收穫滿滿。

辜負的不只是他人的好意

女兒小時候，我一直很拘泥別人對她說了什麼，我很不喜歡傳統老人家總是拿警察來恐嚇孩子，也不喜歡強迫孩子收糖果的行為。只是，我更知道那些行為的背後，往往藏著不知道該怎麼跟孩子說話的心情，也藏著他們疼小孩的心意。

有一次，我帶女兒去一家我們常去的商店，老闆每次都會拿一大堆糖果餅乾給女兒，大部份都是喜餅盒內的糖果餅乾，女兒總是開心的說「謝謝」再收下，帶回家卻不一定會吃，有時候則會客氣的說：「謝謝你，但是我現在還不想吃。」

我笑笑的說：「老闆你對她真好，每次來都給她東西吃。」

這時候，老闆嘆了口氣說：「那是只有她才有，我上次拿給一個六歲的小孩，那孩子居然嫌棄的說：『噢！這個有色素耶，我媽媽說吃糖會變笨，給我糖的人都是想讓我變笨！』啊！這種糖果我從小吃到大，我怎麼會是希望他變笨？」

我尷尬的笑笑說：「現在的媽媽比較重視食品安全啦！吃什麼都不太安心，有些孩子會過敏，很多東西不能吃，所以都教小孩少吃糖。」

老闆搖搖頭說：「是這樣沒錯，可是小時候就這樣頂撞大人，對孩子真的比較好嗎？以後大家只會在後面批評這個孩子，誰還敢對他好？」

一旁的客人也說：「現在的孩子真的講不得！上次我洗好葡萄，請一個小孩吃，小孩才八歲而已，竟然說：『我只吃白色的葡萄，不吃紫色的，紫色的還要吐籽耶！』現在的孩子不知道怎麼教的，我再也不給這個孩子弄水果了。」

接著整個店內的阿姨們，都你一言我一語的討論起來。那時候我才懂，其實每個人對別人的行為，一點一滴都看在眼裡，從這些小細節中決定對這個人的評價，這些小細節其實大部份是可以改善的，卻從來沒有人想去提醒他。

我想，很多媽媽在教育孩子食品安全的時候，把自己對不良食品的嫌惡傳給了孩子。媽媽跟孩子想的是對食品的評價，老人家看到的是這個孩子對自己心意的嫌惡、對自己無知的嫌惡。

這些人當然不好意思在孩子跟孩子父母面前，指出孩子的狀況，即使被這樣回嘴，也只能默默承受，然後在自己心中決定對孩子的評價。也因為這樣，我才知道不該只在意別人對孩子說了什麼話，而是要帶領孩子去看到那句話和那些行為背後的心意。

慢慢的我才知道，有很多父母都很怕孩子受傷，所以當別人一指出孩子的狀況，就會渾身警戒，幫孩子反駁找藉口，深怕孩子被人討厭，卻忘記了要教孩子珍惜這樣的機會，珍惜還願意跟你說出真話的人。

在這個能少惹一事就少惹一事的社會中，想遇到願意說出真話的人，真的是越來越難了。

坦然接受批評，才會成長

身邊的幾個孩子跟著我，常常看到我怎麼對待人事物。有一次小孩們一起玩鬼抓人的遊戲，大家都在遊戲場跑來跑去，只有小傑看到當鬼的同伴要來抓他了，就大聲喊：「不要抓我，彈彈躲在你旁邊的桌子下，快去抓她。」他這一喊，女兒超級生氣，馬上出來抗議，那一次女兒懂了什麼叫做「出賣朋友」。

又有一次，小傑跟另一個孩子比賽玩遊戲，看誰拿球投進的次數比較多。那場遊戲中，幾個大人在旁看著六歲的他，笨拙的偷走了對手的球。

然而不管小傑做了什麼事，他媽媽總會替他找藉口。小傑欺負朋友時，媽媽說：「他可能不太舒服。」有次他呼人巴掌，媽媽明明沒看到前因後果，卻馬上說：「可能是你們擋住他的路，他急了才會這樣。」

因為這個媽媽說不得，孩子也說不得，慢慢的大家都不願意跟他們家出門了。我一直不懂為何要把行為跟個人價值綁在一起，在孩子的成長階段，一定會經歷很多的探索，那些探索沒有對錯，只是，會慢慢的成為別人對這個人的觀感，並進而決

定這個孩子的人際關係。媽媽如果好好的面對孩子的狀況，並給予協助，這孩子的人際關係就不會一直碰壁了。

有天晚餐，女兒一上桌看到她很愛的醬瓜肉，便老實不客氣的把整盤醬瓜肉移到自己前面，然後把所有的醬瓜都放到自己的盤子上。我就問她：「寶貝，如果現在是全班同學一起出去玩，有人一上來看到這盤肉，就把整盤拿到他面前，然後把裡面的醬瓜全部挑走，下次妳還願意跟他出去嗎？」

女兒想了想說：「不會！這樣的行為很討厭。」於是，她將那盤肉放回餐桌中央，對全家人說：「對不起！」

我看著孩子把東西放回去，又跟女兒說：「寶貝，如果這個動作是小傑做的，媽媽會告訴他這樣的行為，讓人很不舒服嗎？」

女兒搖搖頭說：「不會，他會一直做這件事情，大家不喜歡他，卻不告訴他原因，然後默默離開。」

我點點頭說：「每個人都會犯錯，知道錯在哪裏就可以改變，不知道就只會一錯再錯。就好像疊積木一樣，如果你不知道下面的積木歪掉了，一直傻傻的往上疊，你只會越錯越多，倒掉後重來還是沒學會，一直浪費時間。」

女兒笑笑的說：「媽媽，謝謝妳告訴我！」

我看著八歲的女兒，想想這一路多不簡單。女兒有一段時間不准別人說她錯，就好像每個被批評的人，都覺得自己被批評的不是「這個行為不適當」，而是「你這個人很爛」。我知道孩子也卡在以為「人家批評我，就是不愛我」的關卡中。

於是，我總在孩子心情平靜後，問她：「妳覺得媽媽說妳不對，是想要說妳爛、不值得愛？還是希望妳多學會一樣東西，變得更有能力看懂，變得更好？」

「妳希望媽媽不告訴妳，看著妳一直錯一直錯，還是希望媽媽告訴妳，讓妳有機會聽聽別人的看法，再決定對錯呢？」

「妳覺得今天如果妳不是我的寶貝，我需要跟妳說這樣做很傷人嗎？」「妳覺得今天如果妳對我不是很重要，妳因為這樣變得沒有朋友，媽媽還會心疼嗎？」

「妳覺得媽媽說小傑會為了玩遊戲出賣朋友，只是要批評他這個人很爛？還是媽媽覺得小傑是可以被協助的，有很多方法可以滿足他的好勝心，卻又不傷人，不會讓他沒有半個朋友？」

「媽媽是在批評這個人，說他壞話？還是點出問題，大家一起想辦法？」

我總是一次又一次，陪孩子去看懂，當別人可以把問題點出來，願意講出來，即使語氣可能有點傷人，即使態度讓人不舒服，但是只要懂得從另一個方向想，我們總是能從中學到東西，學到自己沒想過的見解。

慢慢的，一次又一次打開孩子心中的結，女兒終於能坦然看待自己的錯誤。現在，她看到自己考卷上的錯誤，她不會覺得難堪，而是會主動把那些老師用紅字圈起來的錯誤，一遍又一遍的反覆抄寫，直到自己會為止。

她已經不覺得那些錯是羞辱，她也不認為老師在考試卷上打叉，是一種討厭的行為，她**知道只有知道自己哪裡錯了，才可以真正學到東西**。去學校本來就是要把不會的東西變成會的，如果不去面對，也不去看懂自己不會的東西，怎麼能學會呢？

謝謝您願意告訴我

我想起草莓六歲的時候，有一次我們去遊戲場玩，他將球池裡面的球抱起來，往溜滑梯上面丟。那時我站得有點遠，還來不及過去處理，附近剛好有位工作人員，大聲的說：「小朋友，球不能這樣丟，別的小朋友會受傷。」

草莓停了一下，想了一想，把手中的球放下來。我本以為這麼大聲的被喝止，孩子一定很不舒服，也覺得很沒面子，趕忙快步上前，沒想到卻看到草莓走近那個工作人員，跟對方說：「哥哥，謝謝你告訴我。」

在那個當下，我鬆了一大口氣笑了。孩子不是講不得，也不是罵不得，問題也不是大人能不能講；而是，怎麼協助孩子去看懂，別人願意講出來的原因與決心？怎麼教孩子好好珍惜那背後的善意。

這些年來，我有很多機會到處演講，去電台或電視台上節目。在許許多多的工作場合中，常要面對很多知名人物，我也不懂我哪來的勇氣接下這些邀約，只是，不管是什麼樣的邀約，我都會想到當年那位面試官講的話，別人要的是一個可以獨當一面的人，可以獨當一面的人，才可以完成這些工作。

現在的我，也很想告訴那位面試官：「謝謝您願意告訴我，讓我知道該往哪個方向努力。」

爸媽可以這樣做

＊孩子總會有指正父母的機會，那時候父母可以問：「你跟我說這個，是希望我下次把這件事做好？還是在說我這個人很爛？」先讓孩子理解自己指正別人的是行為而不是人，下次等我們講出孩子行為中該改進的地方時，「你覺得媽媽告訴你這些，是希望你更好？還是在批評你很爛？」這樣才能引導孩子慢慢看懂父母教導後面的心意。真話有時候很傷人，卻也是可以成長的機會，教孩子看懂真話後面的心意，也會讓孩子感謝每次能夠聽到真話的成長機會。

教孩子看懂，對錯之外還有……

人生，有很多的事情，無關對錯，要慢慢的讓孩子站在不同的角度、不同的國家、不同的性別，看同樣的東西，知道什麼叫做「這樣很不好看」、「這樣很沒禮貌」。

就讀小學三年級的女兒下課後，自己從學校搭公車到跟我約定的地點會合，再一起回家。我推著兩歲十個月的兒子，帶著大包小包，好不容易等到公車停下來後，我卻進退兩難，因為來的是輛高底盤的公車，全車的人都在等我們，我只好硬著頭皮上車。

這時候，一個男孩從車上走了下來，幫我把推車扛上公車，我跟女兒一直謝謝這個大男孩的幫忙。在公車上沒有太大的空間可以放推車，我站著顧推車跟兒子，女兒也堅持陪我，不肯離開去找位置坐，短短幾站的距離，我搭得心驚膽顫。剛剛幫忙我們上車的大男孩，在我們目的地的前一站就下車了，下車前還好心的問我們需不需要幫忙。到了目的地，我才按了下車鈴，一位男士就站了起來，默默幫我扛起推車，公車門一開，他就幫我把推車跟孩子扛下車。我和女兒也一直跟他說謝謝，才發現這位男士似乎聽力有障礙，跟同行的友人彼此用手語交談，無法聽到我的感謝。

走回家的路上，我問女兒：「妳覺得剛剛那兩個人，有沒有幫我們扛推車的義務？」

女兒搖搖頭說：「沒有，他們是想幫忙。」

我又問：「如果他們不幫忙，會不會有人說他們不對或犯法？」

女兒搖搖頭說：「不會。」

我繼續問：「他們不需要幫忙，卻幫忙了，以後我們『觀看』到這個人的時候，對他的『感覺』是好，還是壞？」

女兒想了想說：「是非常好的！」

我笑笑的說：「這就是觀感，看到這個人的感覺，就叫做『觀感』。」

除了對錯，還有「觀感」

那一天，我們討論了很多例子，去吃吃到飽的自助餐，明明吃不下卻拿了一堆東西，有沒有對錯？給人的觀感好不好？

日本、台灣、德國、中國，不同的國家對同樣行為的觀感，一不一樣？我也和女兒討論，同樣的狀況，她眼中的觀感跟我眼中的觀感，一不一樣？

例如，出國玩的時候，六歲的夥伴不管走到哪裡，都一屁股坐在地上，女兒會說：「這行為沒有不對，沒人說不可以坐在地上，但是，給人的觀感不好。」

我又問：「如果是兩歲的孩子跟九歲的孩子、二十歲的大人，同樣一屁股坐在百貨公司的地板上，觀感會不會有所不同呢？」女兒聽我這樣說，開始進入了沉思。

孩子在那一陣子，反覆學著用不同的角度、不同的面向去看，什麼叫做觀感，但

是，她始終不懂為何要給別人好的觀感。

有一天，宅配送來一整箱的貨，我打開包裝，就覺得不太對勁，我拍了照片詢問寄貨的賣家，原來我買了六罐豆腐乳、四罐椿菇醬，卻寄來了八罐椿菇醬，我二話不說問對方我要再補多少錢給她？等等就去匯款。

老公下班後，問我怎麼買那麼多，我說：「我買四罐，結果寄來八罐。」老公聽了很生氣的說：「哪有這樣強迫推銷的？退回去。」

我平靜的說：「是于敦家的。」老公一時反應不過來，想了想說：「噢~是宜蘭那個于敦嗎？那有沒有趕快去轉帳，把錢補給她？」

我笑笑的說：「已經轉帳了！」

後來我跟女兒談到這件事。這個朋友是個宜蘭女兒，因為老父母很喜歡種菜，致力於有機種植，卻不知道怎麼銷售農作物，女兒為了幫助娘家的父母，便在網路上宣傳，宣傳父親辛苦種植的稻米，也宣傳母親親手製作的醬瓜跟豆腐乳。她母親做的豆腐乳，我一吃就上癮了，冬天一到必定訂貨，在天冷的早晨吃粥的時候，溫暖自己的胃與口。

那天，我發了訊息問還有沒有豆腐乳跟醬瓜，豆腐乳還有，醬瓜卻沒了。朋友告訴我，老父母平常擺攤的自然市集，有位阿姨在做椿菇醬，她可以請老媽媽幫我買，再一起寄過來。老媽媽先墊錢了，寄過來卻整整多了四罐，四罐的錢不多，但是對於辛苦種植農作物賣錢的老父母來說，想必是心疼與著急的。

我問女兒，為何爸爸一聽到這個阿姨的名字，就不會覺得是強迫推銷，而要我趕快把錢補匯過去？

女兒想了想：「這個阿姨給你們的觀感一定很好，如果她是一個會強迫推銷的人，你們對她的觀感不好，就不會這樣了。」聽到孩子這麼說，我忽然笑了。

我記得有一次，與幾個親子家庭一起出國，孩子們起了爭執，等處理好各自的盲點之後，我問那個誤會別人的孩子，要不要去跟被誤會的孩子道歉，那個孩子搖搖頭說：「我不要道歉！」

我問他為什麼，難道不覺得自己有錯嗎？

五歲的孩子回答我說：「是我做錯呀！反正等一下他氣消了，就會來跟我玩了。」

我聽完就懂了，這個孩子卡住了，他不懂得什麼是觀感。我問他：「你知道為何我們沒有繼續跟阿亨一起玩嗎？」

孩子想想說：「因為他會為了贏，出賣朋友。」

我繼續問：「記得是什麼事情出賣朋友嗎？」

孩子搖搖頭說：「不記得了！」

我又問：「你知道我們為什麼不跟小四出來玩嗎？」

孩子們說：「因為他打人。」

我點點頭說：「因為他用了錯的方法處理情緒，他媽媽也還沒準備好陪他練習，我們為了保護自己，只好先離開，等他練習好不再以打人處理情緒。可是你記得他是為了什麼事情打人嗎？」孩子搖搖頭說忘了。

我告訴孩子：「或許我們會忘記這個人當初是怎麼出賣朋友的，為了哪些事情打人，可是我們永遠會記得這個人會出賣朋友，那個人會打人；有一天大家或許會忘記今天你們為了什麼事吵架，可是大家會記得，你是一個誤會別人卻不願意道歉的人，一次、兩次，就沒人想約你出來了。」

孩子想了想，走到對方面前，好好的道了歉。

觀感影響人際關係

因為這些經驗，女兒終於看懂了，一個人給人的觀感影響有多大。請某個人吃水果，他不但沒有說謝謝，還嫌棄太酸，下次大家就不再請他吃東西。

有人出門喜歡遲到，所以大家就不常約他出來；另一個人出門付錢很計較，大家下次就不太願意跟他出去吃飯了。

老師在禮堂上課的時候，常有學生偷偷躲在布幕後面裝鬼臉，有的人躲在那邊，大家會覺得很有趣、很搞笑，可是同樣的動作如果是其他同學來做，有時候會讓人覺得很討厭，為什麼？

慢慢的，我從跟孩子談觀感，到談不同的觀感怎麼影響自己的人際關係，怎麼影響生活的順暢度，又怎麼影響著人與人之間的對待。

人生，有很多的事情無關對錯，只是「這樣很不好看」、「這樣很沒禮貌」，父

母不該等到孩子做了才罵，而要慢慢的讓孩子看懂什麼是觀感，站在不同的角度、不同的國家、不同的性別，看同樣的東西，觀感又有什麼不同？

有些孩子不懂為什麼沒有人要跟自己玩；為什麼這件事情我可以在團體做，出去外面就被罵；為什麼他可以這樣，我卻不可以；孩子的心理在一堆這種因為看不懂狀況而產生的盲點中，憤恨不平，也因為這些不平，一直在衝撞著。

其實說穿了，孩子卡住的不是公平的問題，而是看不懂自己的行為，後續會讓人產生不好的觀感，而影響了自己所有的被對待。

孩子不懂的是，這種不喜歡的感覺就叫「觀感不佳」；而觀感不佳只是不喜歡這個人的某個行為，而不是完全討厭這個人的一切。

看懂觀感，才會懂得在每個行為中修正自己，讓自己更順暢的與人相處；也不會在每個行為被責難之後，一直陷入被否定的痛苦中，卻忘了修正行為本身。

很多的事情，無關對錯，只是觀感問題而已。

爸媽可以這樣做

* 跟孩子談論觀感的時候，可以讓孩子在同一個事件中，轉換不同的角度看事情，看的事情也比較全面。

* 後續還可以延伸發展，跟孩子更深入的探討，為何觀感會影響人際關係。例如知道這個人給人的觀感是會打人、遇事情就哭，所以朋友都不喜歡跟他玩的原因是什麼？是真的討厭這個人、想排擠對方？還是大家選擇自我保護？也可以引導孩子談談他們對每個人的觀感。

教孩子看懂，人是不一樣的

我從孩子小時候，就常帶領他們觀察人的不同，哪個孩子喜歡吃咖哩飯？哪個孩子又不喜歡吃咖哩飯？我引導孩子去看懂很多人與人之間的不同，同樣的東西對於不同的人來說，不一定會有相同的感受與喜愛。

女兒入學沒多久，有次回家抱怨：「媽媽，阿奇他很不好，每天都遲到。」我知道每個學校、每個家庭都有不同的標準，也有不同的限制，進入學校一定會受到不同家庭、不同價值觀的互相影響，聽到女兒這樣說，我便將這件事放在心上。

我想起娘家附近有個夜市，每逢星期六總會聚集很多攤商，女兒從小就很喜歡去那個夜市，有很多遊戲器材可以玩。

女兒還小的時候，有一次她在夜市玩一次五十元不限時間搭乘的小火車，玩得很開心，我看到前一節的車廂上有一個小女孩，大概只有兩歲多，整個人趴在火車上睡著了。小火車播放的兒歌很大聲、夜市裡人聲鼎沸，小女孩卻睡得很熟。我一直東張西望，看看小女孩的父母有沒有在一旁，心想他們怎麼讓孩子在外面睡成這樣，還不帶回家。

一直到女兒說不玩了，我請老闆將小火車暫停下來時，順口問：「那個小女孩是誰的呀？」老闆指了指遠方的一根大旗子說：「賣關東煮的女兒。」原來如此。

帶女兒離開小火車的攤位，繼續逛夜市，經過關東煮的時候，我看到一對年輕的夫妻，忙碌的一邊招呼客人，一邊煮食，旁邊還有一個大概七歲大的孩子，在幫忙收拾。我想，對他們來說，已經沒有更好的方法可以照顧小女孩了吧！

後來回娘家逛夜市的時候，還是常常看到那個小女孩，有時候在碰碰車的攤位晃，有時候去看別人套圈圈，有時候還是坐在不斷繞圈的小火車上睡覺。女兒慢慢的長大，那個夜市的孩子也一天天的長大。

女兒批評同學遲到的那個週末，我又帶著孩子去逛夜市。那個小女孩已經夠大

了，所以沒有在夜市裡面亂晃，而是在關東煮的攤位上幫忙，有時候擦桌子，有時候收碗筷。我讓女兒觀察她一段時間，離開後問女兒：「妳想想，那個女孩的父親，明天早上有沒有可能七點半就把孩子送到學校？」女兒想了想搖搖頭，我繼續問著：「所以這個孩子很壞、很不好嗎？」女兒再搖搖頭。

一路上我又引導女兒看看那些陪著父母做生意的孩子，去看看他們的生活方式，讓她了解，這世界上不是每個人都跟她過著一樣的生活。我告訴女兒，如果每個人的生活都不同，那麼給人的標準也該不同。

我們家離女兒的學校很遠，每天都需要開車送孩子上山，我問孩子：「難道我們就永遠不可能遲到嗎？」女兒搖搖頭說：「不可能。」

我笑著說：「媽媽很希望學校上課時間晚一點，下課時間早一點，讓妳有時間做妳想做的事情，有時間回來跟媽媽聊天；可是媽媽也知道，學校裡不是每個人的爸爸媽媽都跟我們家一樣，可以在孩子回家的時候就在家裡等著。這世界上的每個人都不同、生活不同、工作不同、價值不同，我們不可以用同一個標準去要求別人。」

同一個問題，不見得會有同樣的答案

我從孩子小時候，就常帶領他們去觀察人的不同，哪個孩子喜歡吃咖哩飯？哪個孩子又不喜歡吃咖哩飯？我引導孩子去看懂很多人與人之間的不同，同樣的東西對於不同的人來說，不一定會有相同的感受與喜愛。

我知道，我給孩子的價值觀越單一絕對，孩子不但會用這種單一絕對去要求自己，也會要求別人，然而那種單一絕對的要求，就像一種框架，卡在框架中的大部份是自己。因此，我總會引導孩子去看很多行為背後的原因，讓他們多看看不同的角度。

我想起了女兒小的時候，常常去吳玥玢老師當義工的親子教室，那時候有人問老師：「老師，我的孩子去幼稚園，上學的時候一直哭，可是我一離開，老師又說他馬上開心的去玩，晚上去接他回家，他還不願意，到底是怎麼了？」

那時候老師看著那個媽媽回答：「孩子很特別，他們有時候會依照父母的期望表現。媽媽放心不下孩子，捨不得孩子，孩子就會展現出他很需要媽媽的樣子，去滿

足媽媽的內心需求。」老師的回答，讓媽媽陷入了沉思。

過一陣子，又有另外一個媽媽問了相同的問題，吳老師的回答卻是：「孩子不懂時間的概念，不知道什麼叫做『晚上就會來接你』，媽媽一離開，對沒有時間觀念的孩子來說，就是失蹤，那是很恐慌的事情。所以媽媽可以拿著計時器，跟孩子說等計時器時間到，我就會回來陪妳，從十分鐘開始練，十分鐘、三十分鐘、一小時、三小時慢慢練，慢慢的讓孩子懂得時間到了，媽媽就會來接他的概念。」

同樣的問題，卻給了不同的答案，老師觀察的是每對親子的不同，不是同樣一句「陪夠、愛夠」，這樣單一的方式就能夠解決。

也曾有人問過我同樣的問題。我記得有位母親來問我時，我知道這對親子有參加某個共學團，我知道他們的運作方式，於是我回答：「孩子以為陪伴就是愛，媽媽在身邊，才是愛他，所以當孩子去學校、爸爸去上班，媽媽卻在家陪另一個小孩的時候，大孩子會以為他自己是不被愛的。然而事實並非如此，所以妳要讓孩子知道，不管他在哪裡都是被愛的，即使爸爸媽媽不在身邊，依舊愛著他。」

那個媽媽回家問孩子，才知道原來孩子在學校只要想起媽媽，就擔心媽媽只愛弟妹，不愛自己。

另一個媽媽也來問我同樣的問題。我看著那個孩子，告訴那個媽媽：「孩子還很小，在一個混齡的學校中，他一直被其他孩子擋在後面，根本無法掌握所有的狀況，就好像跨年晚會被人群推著跑一樣，當然會很恐懼。孩子不懂那個環境在做什麼，所以不管做什麼都怕被罵。

爸爸媽媽最好抱高孩子，帶著孩子去看看整個幼稚園的規劃，還有空間設計的原理，讓孩子懂得自己在哪個環境，在什麼時候該做什麼事情，而不是無助的被推著走。」

有些狀況是孩子在學校的人際關係問題，有些狀況是老師對待孩子的問題；有時候只是因為孩子不想睡午覺，有時候只是孩子不敢去上學校廁所，不同的問題有不同的解決方法。

找到問題的癥結點

兒子兩歲多的時候，有時候我要出門工作，有時候是爸爸要出門工作，孩子常常哭著要跟，即使爸爸說：「我要去工作，不能帶你去。」兒子還是聽不懂，於是我知道孩子不懂什麼是「工作」。

我帶著兒子蹲在路邊看工人鋪馬路，講解過程給兒子聽。說完，我指著正在施工的工人說：「這些人在工作，可以帶小朋友嗎？」我帶著兒子去看便利商店的店員工作，問他：「這些哥哥在上班，可以帶小朋友嗎？」我也帶著兒子去買便當，跟他一起觀察製作便當的流程，問孩子：「老闆在工作，可以帶小朋友嗎？」

在每個場合，我總會抱高兒子，讓他去觀察每個人工作的樣子，去看看工作的環境可不可以帶孩子；我甚至帶他去看爸爸在室內裝修現場督工的樣子，讓兒子懂得什麼叫做工作之後，孩子才會懂為什麼「爸爸去工作，不能帶你去」。

同樣的分離，不同的孩子、不同的家長，在不同的時機遇到的狀況不同，解決的方法也會不同。

有一天女兒回家跟我說：「媽媽，今天阿丁很好玩，英文課考試的時候，竟然把考卷撕碎了亂撒，好像雪花一樣。」

我想了想，問她說：「之前，阿奇把考卷拿來折小船，妳說他很過分，怎麼阿丁撕考卷，妳就覺得很有趣？」

女兒說：「阿丁是他明明會卻不考，阿奇是本來就不會。而且阿丁平常跟同學相處的時後都很搞笑呀！這是觀感問題。」

我笑笑的說：「寶貝，沒有小孩希望自己是笨的，拿到考卷卻都不會寫的時候，那種感覺有沒有很糟糕？」

女兒點點頭說：「對！很糟糕。」

我說：「有很多人不想讓人看出自己不會，就會做很多的事情來掩飾，不管是撕考卷、還是折小船，有些人甚至還會罵老師不會教呢！可是，其實每個人都可以去協助的。」

女兒想一想說：「媽媽，妳一定會用很多不同的方法教他們，對不對？如果是妳，妳會用什麼方式幫阿丁跟阿奇呢？」

我笑了笑說：「那要先找出原因呀！每個人學不會的原因很多，先找出原因才能用對的方式解決。有的人不知道為什麼要學英語，所以就不想學，那就跟孩子玩動機遊戲；有些人背單字會漏字，要看是眼睛問題，還是耐心問題，不同的問題有不同的解決方法。」

女兒想了想說：「就好像每個人喜歡吃的東西不同，就不可以強迫他們吃同樣的東西；一樣都是拉肚子，不同原因也要吃不同的藥，是嗎？我記得媽媽說過，如果這世界上每個人都一模一樣就太無聊了，大家都不同才好玩。」

我笑著點點頭。我想起了從以前到現在，我一直帶著孩子去看的不同之處，在不同的國家，做同樣的事情，有哪些不同的觀感？同樣的動作在不同場合，有哪些不同的後果？同樣是唱歌，在不同時間唱，又會得到哪些不同的反應？

然而，最重要的就屬於這個議題。我努力的帶著孩子去看懂「人的不同」，看懂了人的不同時，就不會在別人身上套上自己的標準，用別人的「錯誤」折磨自己，內心也會多一點點包容，一點點對別人、也對自己的包容。

爸媽可以這樣做

* 孩子年紀小的時候，陪孩子觀察人的不同喜好，誰喜歡車車？誰喜歡冰雪奇緣？誰喜歡滷肉飯？誰又喜歡義大利麵？
* 因為喜好不同，就可以談到如果要一起去吃飯，就要互相配合、互相協調。
* 等孩子大一點的時候，可以引導他們看人背景的不同、環境的不同、遇到問題成因的不同，於是解決的方式也不同。

教孩子看懂，人與動物的不同

原來所謂的行為問題，不是孩子不好與壞心，更不是所謂的行為偏差，而是，孩子卡住了，由於不懂人與動物的不同，他的善良與好意便成了一種攻擊。

仔細想想，我跟一般的孩子不太一樣，從小到大從來沒有跟父母吵著說要養小動物。我只知道當爸爸繁殖蘭花的時候，我必須早晚幫花澆水；當他養魚的時候，我要一週一次工程浩大的換水；當他養鳥的時候，我便得餵鳥；最誇張的一次，就是爸爸在老家養了三隻孔雀。即使有一個這麼愛養動物的父親，我跟動物還是算不上親近。

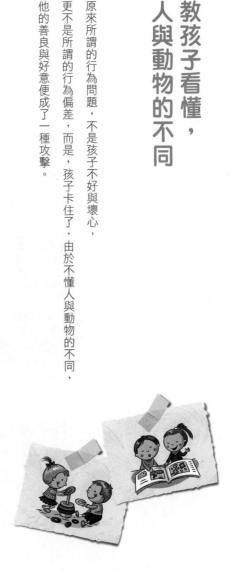

我專科畢業的那一年，弟弟從宿舍帶回一隻名叫皮皮的狗。皮皮似乎曾經受虐過，每次看到弟弟，就會露出無辜的眼神，那樣的眼神不但打動弟弟，也讓母親心軟，把狗留了下來，從此這隻狗成為我們的家人，我們家終於第一次養了狗。

家裡多了一個動物家人，是件很特別的事情，母親每天替皮皮把屎把尿，還會跟牠聊天。很可惜，後來皮皮走失了，母親的眼淚好幾天都沒停過。從此我們家來來去去好多隻狗，陸續成為我們的家人，一直到母親的身體不堪負荷為止。

我記得女兒很小的時候，去夜市想要玩撈魚，我每次都叫她玩塑膠的釣魚遊戲，千方百計阻止她撈真的金魚。有一次當我發現的時候，她朋友的媽媽已經幫她付了錢，遊戲也已經開始了，我看女兒撈起金魚，然後用手戳戳牠，還要跟牠打招呼，我簡直快暈厥了。

孩子還不懂魚不能離水而活，而且她的那些舉動幾乎整死了那隻可憐的金魚。孩子不懂動物也有生命，不懂不同的動物有不同的生存環境。我想，她甚至也不懂什麼是生命。

因此孩子更不懂，動物到底跟我們有什麼不同？

為什麼狗狗可以，我不行？

我認識小翔的時候，他已經三歲半了，卻只會叫爸爸媽媽跟「吼！」有人認為他是因為接觸太多種語言，導致混淆而學得慢。然而他的行為也讓父母很困擾，每當有人接近他的時候，他就會弓起肩膀對人「吼！」甚至將人撲倒。

小翔對人很有防備心，不太允許父母以外的人靠近他，對於別人的眼神，總是帶著濃濃的敵意，讓人很害怕。那時候我跟小翔家不熟，不好意思給他們什麼建議，也沒有機會再見面。

後來，我認識了一個很帥的男孩小齊，小齊的母親告訴我她的困擾。四歲多的小齊一遇到喜歡的朋友，就會衝過去撲倒對方，引來朋友大哭、大人驚呼。等到小齊看到母親不知道該怎麼辦才好的眼神時，他就會陷入一種說不出來的哀傷。

小齊是一個很溫暖的孩子，靜靜的不多話，朋友跌倒的時候，他會走過去，拉住對方的領子讓他站起來。這樣的動作讓大人覺得危險性十足，也讓其他小朋友覺得他很可怕。

這幾點讓小齊的媽媽很困擾，不知道該怎麼辦才好，而且妹妹才剛出生沒多久，媽媽也有點害怕小齊不小心讓妹妹無辜受傷。

聽完小齊媽媽的困擾，我也一直思索著原因，後來一位老師朋友去小齊家拜訪後才發現，小齊家有三隻大型的狗家人，小齊的行為都是跟他的狗家人學習而來，遇到喜歡的人就撲過去，狗狗跌倒了就是拉項圈起來。孩子從小耳濡目染，於是分不清楚為何狗狗哥哥可以，他卻不行。

找到原因後，要解決問題就很簡單了。小齊的爸爸拿著布偶開始跟小齊解釋，人只靠兩條腿站立，被撲倒的時候，頭若著地會造成很大的傷害；而狗狗有四條腿，被撲倒的時候，會往側邊倒，所以不會受傷。而且，人跟狗狗是不同的，狗狗撲倒別的狗狗是表示善意，人撲倒人則是攻擊；而想拉人起來的時候，要用手，不是拉衣領，衣領會讓人窒息，對狗狗是好的，對人不一定好，人和狗狗有很多的不同。

小齊懂了這個道理之後，就再也沒有發生過撲倒人的行為了。原來所謂的行為問題，不是孩子不好與壞心，更不是所謂的行為偏差，而是，孩子卡住了，由於不懂人與動物的不同，他的善良與好意便成了一種攻擊。

過了幾年，我再遇到小翔時，他已經五、六歲了，媽媽讓沒有上幼稚園的他加入一個遊戲團體，那群男孩玩的還是具有攻擊性的遊戲。一整個下午，沒看見小翔講幾句話，依舊用「吼～！吼～！」的方式在表達。我才看懂，小翔的問題在於他的許多行為，都是學自他的貓家人，有領域性、有攻擊性，卻鮮少用到語言。

遇到問題時，「人」怎麼處理？

我常常遇到這樣的孩子，即使父母已經跟孩子說明過人跟動物的不同，孩子也能理解，卻還是繼續這樣的攻擊行為，我一直在想原因出在哪裡。有一天，我問幾個孩子：「人跟動物有什麼不同？」

女兒很大聲的說：「人會講話！」那一瞬間我忽然懂了，**父母教孩子人與動物是不同的，卻沒有告訴孩子，遇到問題時人是怎麼樣處理的。**貓會在陌生人接近的時候，準備攻擊；父母忘記教孩子遇到第一次見面的人時，要先打招呼，可以保持距離點頭說：「你好！」如果陌生人太靠近你，讓你覺得不舒服，可以找大人協助，也可以告訴對方：「我不習慣別人這麼靠近。」

狗會在想要玩球的時候去咬球、搶球，而人想玩球的時候可以說：「請問我可以跟你一起玩球嗎？」別人在玩的時候，狗狗只能在旁邊晃來晃去，而人可以走過去說：「請問你們在玩什麼，我可以一起玩嗎？」狗會在別人要搶牠東西的時候攻擊人，而孩子可以告訴別方：「這是我的，我不想借人。」

及早看懂，才能及早提供協助

慢慢的我懂了，孩子即使知道人與動物的不同，卻也知道動物家人即使不說話，也可以生存，他們跟動物家人玩的時候，不需要太多語言，也因為沒有語言的互動，而讓這些孩子語言的發展比較慢。

孩子的學習能力很強，有的孩子熱的時候，不是用手搧風而是吐出舌頭，因為他沒看過大人用手搧風，卻看過狗狗一熱就吐舌頭；有些孩子說話的時候，呼吸混亂，斷句總是斷在不適當的地方，表達能力似乎較差；也有孩子會因為喜歡一個

人，就去舔對方。不管什麼狀況，父母看懂了，就該找出方法協助孩子，避免上述行為成為孩子人際關係與學習的困擾。

一個又一個的案例，讓我理解，孩子真是可愛的生命，孩子不是只用「耳朵」在認知事情，所以不是爸爸媽媽說過了就一定會懂；而是用全部的感官、學習著身邊的一切事物，父母即使講得一口道德，孩子學的卻是父母的待人處事。

現在的我，偶爾帶孩子看到動物的時候，我總會陪著孩子觀察這些動物的特性。其實，無論是動物家人，還是真的家人，或者是一般的人與人，本來就不是同一句話、同一個行為，就一定代表是善意。人心很複雜，接納各種不同，然後找出自己與對方最舒服的相處，才是王道。

而這些孩子也教我懂了，及早懂得孩子的狀況，及早協助，才不會讓一個善良溫暖的孩子，被誤解為行為偏差，也不會因為一直被誤解，而讓孩子真的以為自己很爛，甚至慢慢成為孩子人生中永遠突破不了的關卡。

被誤解的孩子，其實，心很苦的。

* 家有寵物的孩子，父母要協助孩子看懂，人與動物家人的不同，另外要常常跟孩子互動聊天，不要將孩子丟給寵物家人陪。孩子的語言建構，必須從互動中學習，而且隨著孩子越來越大，必須發展至可以完整陳述一件事情。

* 例如，每次孩子出去玩，我回來都會問他今天去哪裡玩，然後呢？接下來？結果呢？讓小小孩慢慢練習把一件事情從一句一句串成一串，對孩子以後的邏輯建構會很有幫助。

教孩子看懂，行為背後的動機

當一個人可以不執著在別人的行為，而去想想背後的動機時，比較不會錯過真正對他好的人，也比較能夠防著居心不良的人。

念國中的時候，是我叛逆期的最高峰，那時我不只常常頂嘴，也問題不斷，成績一直都是在A段班中吊車尾。我記得有一次，因為成績的問題跟母親吵了起來，母親一氣之下罵我：「早知道妳不想讀書，國小畢業我就把妳嫁給那些沒有結婚的老伯伯賺聘金，現在就不必受妳的氣了。」

經過這麼多年，這句話我還是記得很清楚，也記得那時很傷心很傷心的感覺。因為這句話，我更斷定我的母親對我沒有感情，母女間的衝突，隨時都在家中上演。

我一直沒有好好想過，母親說那句話背後的動機是什麼，我認定她就是討厭我，沒有想過一個打算國小畢業就把我賣掉的人，怎麼還會支持我讀這麼久的私立大專院校；我不懂母親的心思，只在乎母親罵我的那段話，那段話一直在我心中盤旋，多年來都沒有消失過。

一個朋友說，他很氣他母親在他失業的時候，講了一句：「原來我養了一隻米蟲。」那句話讓他頭也不回的離家，再也沒有回去過。這幾年我看過很多親子衝突，孩子在意的常常是父母親說的某一句話。

也因為這樣，有好多親子書一直教父母「語言會傷人」，對孩子說話有好多的禁忌。慢慢的我發現有很多父母好「怕」孩子，孩子生氣了，媽媽整個人縮了起來，好像說什麼都不對；有些兄妹打架了，母親不敢說話，在一旁深呼吸，高舉雙手等風暴過去。

然而親子關係不是這樣的，親子關係必須要雙方相處起來都能感到自在，孩子不是碰不得的玻璃，捧在手心，壓力大到讓父母差點窒息。

我是一直到讀了政治之後，在一位老師的說明下，才理解了什麼叫做「菩薩心，與現實生活中之必要手段是不衝突的」。原來我們不能從一個人的行為本身，去評斷他的善與惡、好與壞，但是卻可以從一個人行為背後的動機，來看出這個人的善惡好壞。

這一門功課，我從大學開始練，卻在人生中受了很多的傷之後才懂。我看過很多主張要對孩子溫柔、不能大聲的人，從來沒吼過小孩，營造出人很好的樣子。可是，在孩子需要幫忙的時候，冷眼旁觀；在孩子被同儕霸凌的時候，以不介入孩子糾紛為藉口，眼睜睜看著孩子被欺負。

我也看過一個很會罵孩子的爸爸，在孩子受傷的時候，不怕得罪朋友，大聲的說：「走，如果她學不會不打人，我們就不要跟她出去玩！我們不跟暴力的人在一起，沒有必要為了交朋友而忍受被打。」他在第一時間站在孩子那邊，不管自己會不會得罪人，在看到別人的孩子被霸凌的時候，也會站出來阻止傷害發生。

人的行為、人的臉看起來兇不兇、語氣嚴不嚴厲，很多時候跟心地好不好、會不會騙錢、害人，沒有一定的關係。一直到大學之後，我才開始學著看懂人行為背後的動機，而孩子那麼小，怎麼會懂？

不執著於表面

女兒小的時候，有位老師將他停業的幼稚園，免費借給我們使用。我們在其中一個教室放了些桌子，找了老師來上課，在另一個教室中放了許多的遊戲器材。有一天一個五歲的男孩，拉著久久才回國一次的父親，要去隔壁教室玩，只是這邊教室的美術老師已經來了，正要開始上課，男孩的爸爸堅持孩子過來上課。

男孩開始大哭，一直罵著「我討厭爸爸！」「我討厭爸爸！」我知道男孩想要展示給爸爸看，他會用那些器材玩出很多的花招，也會做出很多高難度的動作。久久才回國一次的父親，好不容易能夠陪他，他好想好想讓父親看看他的厲害，可是父親卻要他先去上課。

男孩很生氣，一直罵爸爸，然後跑來我身邊邊哭邊告狀。我沒有說什麼話，慢慢聽他把話說完，然後我問他：「你覺得爸爸希望你先來上課，是為了你好，希望你

多學一點東西，變得更厲害、懂更多東西？還是想要害你？他堅持要先上課，是因為老師等一下上完課就回家了，而你下課還能表演給爸爸看，等一下再做就好？還是他討厭你，不想看你的表演？」

男孩聽完，雖然還是繼續哭著，力道卻輕了很多。我繼續準備上課要用的器材，男孩的爸爸靠在另一邊的牆上，不知道該怎麼辦。這時候那個還在哭泣的孩子，邊哭邊指著黏在桌子下的笑臉貼紙說：「麗芳阿姨，雖然我在哭，可是我的心情是這個圖案喔！」

我看著孩子指的那一個笑臉圖案，心中哭笑不得。這個孩子非常的聰明，他從我的話中理解了爸爸堅持他先上課的行為動機是愛他的，但是他也知道，哭是一個很好的討愛工具，所以，他雖然指著笑臉說心情是開心的，但是眼淚還是不能停。

那時候的我才懂，讓孩子看懂別人背後真正的動機，其實才是協助孩子轉換方式思考的最佳禮物。當一個人可以不執著在別人的行為，而能去想想對方背後的動機時，就比較不會錯過真正對他好的人，也比較能夠防著居心不良的人。

一直在乎別人怎麼對待我們的大人，一直在乎那些大人用哪種語言傷了孩子而斤斤計較的我們，是不是太過執著於引導孩子去看別人的行為，而忘記了看行為背後的動機與用心？

引導孩子思考

我常常會問孩子：「你覺得爸爸這次生氣，是討厭你？還是擔心你用這樣的方式去對待別人，成為一個大家不喜歡的人？」

我也會在很多的時候問孩子：「你覺得她這樣做，是真心想要害你？還是只是用錯方法跟你相處？」

「你覺得他是真的討厭你要害你？還是年紀太小，根本不知道該怎麼辦？」

我用問句去引導孩子，想想每個行為背後的動機，去理解有時候你以為別人就是要傷害你的這件事情，不一定是真的；去理解你以為的好，也不一定是真心的。

不從行為本身來看事情，而用行為背後的動機來看事情時，孩子的人生廣度就會不一樣，不會侷限在一個人的小小動作，就生悶氣好久好久。

有一天我開車載女兒從學校回來時，女兒在車上興沖沖的跟我說，今天功課寫完，要來試用新買的鬆餅機，自己做鬆餅。一進家門，我馬上拿了餅乾，給兩歲七個月的弟弟吃，我陪兒子坐在餐桌，吃餅乾、配牛奶，然後喊著姊姊去寫作業。

女兒看著弟弟手上的餅乾，問我：「我也可以吃點心嗎？」

我溫溫的說：「不可以，快去寫作業。」

女兒有點不開心的拿著書包走進房間，開始寫起了她的作業。她邊寫邊哼歌，等兒子吃完點心後，我進去房間陪女兒，坐在女兒旁邊問她：「妳一回家，媽媽馬上給弟弟吃餅乾喝牛奶，卻不讓妳吃，一直催妳寫作業，有沒有很生氣？」

女兒點點頭說：「一開始有一點點生氣，可是我想妳應該不是不讓我吃，媽媽妳不可能偏心，不給我吃，妳也不可能討厭我，所以懲罰我，應該有別的意思，所以我就不在意了，先把作業寫完再說。」

我笑笑的說：「所以，妳想了想，媽媽不讓妳吃，後面一定有一個對妳好的動機，是嗎？」

女兒點點頭說：「是呀！媽媽不會跟我計較吃的，那我可以問為什麼嗎？」

我回答她：「弟弟早上到現在，有一段時間沒喝奶了，我想要慢慢幫他斷奶，在他想起要喝ㄋㄟㄋㄟ之前，先給他吃餅乾喝牛奶；但是妳說妳寫完作業要做鬆餅，現在吃了餅乾，不就沒胃口吃鬆餅了嗎？」

女兒像忽然想起來一樣：「對喔～我要做鬆餅，我竟然一下車就忘記了！還好媽媽妳有記得，謝謝妳。」

過了一會兒，女兒自言自語說：「還好我有想到，媽媽做事情背後一定有原因的，不然莫名其妙白生氣一場。」

聽到這句話，我笑了一笑，想了想，這麼多年來我難道不是這樣？莫名其妙生了好久的氣，我心中一直記得母親傷我的話語，卻沒有看見母親是因為焦慮我的成績與前途，那些焦慮在我的頂嘴刺激下，沒有半句好話，字字都傷人。

人生有很多怨，有很多恨，往往肇因於氣誰「怎麼對我」，又「說了哪句話傷我」的行為上，卻沒有去看看那些行為的背後，是不是擔心、是不是好意、是不是因為把你放在心上疼。

我一直到了當母親之後才理解，我跟我的孩子都一樣，都在一次又一次的練習

中，克服了自己的盲點，突破自己卡住的那一關，不再堅持別人就該怎麼對我。

當女兒知道，我不管叨念還是生氣，背後都一定是顆為她好的心，不管是心急還是憤怒，都知道她是被愛著的，這才是最重要的，也騙不了小孩，我不用字字句句都戰戰兢兢。

我們不再去看別人行為的本身，而是去看懂行為的背後，看懂母親叨念背後滿滿的愛，看懂自己是被愛的。而當母親的我，不管做什麼，我都問心無愧的知道，自己愛得如此理直氣壯。

爸媽可以這樣做

* 孩子小的時候遇到紛爭，爸媽可協助孩子去看懂他人行為背後的動機，例如：弟弟弄壞你的玩具，是希望你痛苦難過？還是因為他不知道這樣玩會壞掉？

* 孩子大一點之後，除了引導他們去看懂別人行為背後的動機之外，還可以帶著他們去看東西研發、設計後面的動機與原因，例如：你覺得這個玩具是想讓孩子訓練什麼能力？這個設計者為什麼要設計這樣的玩具呀？

教孩子看懂，禮物的意義

慢慢的，女兒懂得自己想要的東西，
要自己用能力爭取，
而別人給的禮物是一種心意，不能指定也不能挑。

耶誕節將至，我難得有了一個空檔，可以悠閒的逛逛書局。當我正在看書的時候，聽到旁邊一對母女的對話，那位母親催促小女孩趕快找一個喜歡的玩具，好告訴聖誕老公公。而小女孩開心的翻一翻這本書，玩一玩那個玩具，根本不理會母親的催促。母親一心急，便嚴厲的說：「妳這樣子，聖誕老公公根本不知道妳要什麼，他就不會送妳禮物喔！」

我覺得那對母女好可愛。面對每個孩子都期待耶誕節，期待收到聖誕老公公禮物的心情，那位母親藉由這樣的方式，讓孩子自己挑禮物的心意，真的很可愛。

我這樣幫孩子挑禮物

在那個當下，我忽然想起一個我沒有回應的訊息，我在幫孩子選禮物的時候，有位媽媽問我：「妳幫孩子挑選禮物時，都不問小孩喜歡什麼嗎？」

這一個問題，我想了想，好像在孩子的成長過程中，女兒自己挑禮物的機會是比較少的，我很少讓孩子「指定禮物」，即使她指定了，我也常說：「重點是送禮的人想送什麼，而不是妳要什麼。」我總是在每個幫孩子挑禮物的過程中，想想孩子最近需要什麼？

弟弟出生的時候，家裡已經有一堆姊姊的玩具，常常都是不會說話的弟弟要跟姊姊借。那時候我買給弟弟的玩具，都是姊姊也會喜歡的，我讓姊姊一直跟弟弟借，讓弟弟在姊姊借玩具的過程中，也學會怎麼跟人借玩具。

我幫女兒買的東西，都是大人可以用的等級，例如輕巧的照相機，讓孩子記錄自己的觀點跟想法；六歲的時候就買了20吋的腳踏車讓孩子慢慢學；電子翻譯機讓孩子想要看英文繪本的時候，不用拜託媽媽就可以自己查字典。我常常把「工具」當成給孩子的禮物，讓孩子玩出自己的能力，也在收禮物的時候，讓他們知道，「原來，媽媽覺得我很有能力，可以操作這個東西了。」

我開始在想，為何我在送孩子禮物的時候，都不詢問孩子的喜好，然後我想起了一件事。專科畢業之前，我跟當時在當兵的男朋友說：「別人都有99朵玫瑰，真好。」明目張膽指定了禮物。於是，畢業典禮那天，我真的收到了99朵玫瑰花。99朵玫瑰，包起來好大一束，很重也很顯眼。母親看了一眼只說：「等一下拿去神明廳給菩薩！」父親一回到家，看到那樣的花束，呆了一會之後問我：「男孩子送妳花，背後的目的是什麼，妳知道嗎？那個心意，妳要怎麼還？要跟人家結婚了嗎？」

父親的這句話，留在我心裡很久很久。當時的我還想，不過是束花而已，有這麼嚴重嗎？多年之後，人事早已全非，想起那束很大的玫瑰，也想起分手時的唏噓，忽然明白，我欠人家的，不只是一束花。

後來，我遇到很多失戀的男孩，聽到每個男孩都在分手後，開始細數送過這個女孩多少禮，女孩曾經要求買什麼東西，花了多少錢的時候，我才慢慢懂得父親的意思。每個禮物後面都有一個心意，也都有一個目的，還不起的心意、達不到別人期望的目的時，又該怎麼面對別人的怒氣與反擊？

女兒四歲的時候，有一次看到朋友拿的長劍泡泡水，很想要。但那樣的玩具對我來說，太容易弄得到處又黏又濕，所以每次孩子要求的時候，我都沒有買。結果，女兒看到朋友的父親用長劍揮出超級大的泡泡時，她仰著頭跟對方說：「××爸爸，你下次可以買這個給我嗎？」

送禮物的機會教育

我看到這一幕，也想起了父親說的話，我在想孩子不懂送禮後面真正的意義。於是那段時間開始，我每次一個人出門，總會帶個小禮物回來，例如買菜回來，我會

告訴孩子：「媽媽看到今天市場有人在賣糖炒栗子，我想到妳喜歡吃，買回來妳一定很開心，所以媽媽就幫妳買了。」

「路口那個自己種菜來賣的阿姨，今天竟然有賣地瓜，我想到妳很愛吃我炸的薯條，所以就買回來，想幫妳炸薯條。」

「今天，我看到路邊有人在賣草莓，才知道草莓季節已經開始了，我想妳應該會很喜歡，所以我就幫妳買了。」

慢慢的，我讓孩子看懂我買東西後面的心意，有幾次買回家的草莓太酸了，孩子開心吃了一口後，說：「太酸了！我不喜歡。」我總會無辜的說：「我出去時想到妳，以為妳會開心才買的，我不知道是酸的，早知道就不買了，抱歉。」

女兒總會急著說：「媽媽，謝謝妳買給我，謝謝妳想到我，不過有點酸，可以想辦法的，我可以加煉乳吃嗎？」

我總在一次又一次的採買中，敘述我心中想讓孩子知道的「心意」，也總在一次又一次陪孩子買東西給朋友時，讓她理解，買東西給別人是一種「期待別人拿到這個禮物會開心」的心意。

每當收到別人的禮物時，我總會帶著孩子想該買什麼東西回禮，我會請孩子帶東西去給那個常常送她禮物的孩子。於是，女兒跟爸爸出門的時候，會告訴爸爸：

「爸爸，媽媽喜歡喝這個飲料，可以買給媽媽嗎？」

「爸爸，我覺得這個餅乾弟弟喜歡吃，可以幫他買一包嗎？」

出國的時候，她會問我：「媽媽，這個東西阿卉一定很喜歡，可以當出國禮物送給她嗎？」

慢慢的，她出去也會想到家人，而我總會開心的收下說：「謝謝妳想到我！」「謝謝妳想讓我開心。」慢慢的，有幾次我看到她即使收到不如預期的禮物，也會開心的說謝謝！

而她自己想要的禮物，她也懂得要用自己的能力爭取：「媽媽，如果我挑戰一百天英文不中斷，一天讀十本繪本，我可以證明有能力看英文說明書使用顯微鏡，你會願意幫我買顯微鏡嗎？」

女兒懂了自己要的東西用能力爭取，而別人給的禮物是一種心意，不能指定也不能挑。

這一天，我問八歲的女兒說：「如果別人送妳的禮物，妳不喜歡，妳會怎樣？」

孩子理所當然的說：「我會笑笑的跟他說謝謝，謝謝他想讓我開心。」

我繼續問：「妳會收下嗎？」

女兒想了想說：「不一定，有時候我會說，謝謝你，但是我不需要。」

在孩子的回答中，我慢慢理解了父親的說法。禮物是一種心意，孩子想要的東西，自己要有能力去爭取；當別人送禮的時候，不能指定禮物也不能挑三揀四；看懂了別人送禮物買東西後面的心意，在收下之前，惦惦自己的斤兩，看看受不受得起、還不還得起。

慢慢的在每次收禮送禮、發給全班孩子小零食與玩具時，我讓孩子看懂越來越多的心意；看懂媽媽為何每天要自己煮晚餐，不去外面吃背後的心意；看懂我不想欠人人情而回禮的心意；看懂我時時刻刻都想到家人的心意。

看懂身邊每一個人背後的心意，看懂之後，孩子在收禮物的時候，在吃別人煮的菜的時候，所說出的那句謝謝，才可說是對別人心意的真心感謝。

不知感謝的孩子，卡住的其實是看不懂別人行為背後的那個心意。

✻ 在孩子準備給同學或朋友的禮物時，可藉由詢問孩子「妳為何幫小平買冰雪奇緣的貼紙？可是卻幫小亨買麥坤的？」「是希望他們覺得公平，買一樣的東西好？還是希望他們都可以拿到自己喜歡的東西？透過禮物傳達你想讓他們開心的心意。」協助孩子看到自己送人東西的心意，孩子看懂自己的心意後，就容易看懂別人的心意。

教孩子看懂，事情有不同面向

我心裡在想，這麼溫暖的哥哥，如果只因為昨天那個推的行為，就抹滅掉大家心目中對他的好印象，也太吃虧了；但是，只看到孩子的好，卻沒協助孩子該理解的狀況，讓事情一而再發生，對孩子來說，也不是一件好事。

某次旅行時，我們到了日本的電器行，我想幫朋友買台烤三明治機，但賣場賣的型號，跟我愛用的不同，我只好努力的比較不同型號之間的差異；而另一邊，從事室內設計的老公，則是陪著同行的友人在研究免治馬桶蓋的安裝方式。為了買東西，我們努力的研究比價，即使要扛很重的行李回台灣，也在所不惜，想買的東西就是想買。

每次出國前，我們總是會研究很多的網站內容，也在網路爬文比較，看別人的分享文。到了當地，寧可走好遠的路，也要去吃一碗大家都推的拉麵；寧可走到腳痛，也要挑戰逛遍京都的每座神社；那渴望好久的模型，即使很佔行李空間，也要扛回台灣。

每次出國滿足的是自己的想要與渴望，因為兒子出生而暫停的出國旅遊，在兒子滿兩歲這一年，結結實實的、好好的補償了回來。

停不下來的渴望

那次旅行，同行家庭中有一個六歲的哥哥，途中休息時，坐在我身邊的椅子上，快三歲的妹妹撲到他的身上，要跟哥哥一起玩。由於是孩子間很平常的舉動，我就沒有特別注意，等我一驚覺的時候，哥哥已經猛力的把妹妹推倒在地上，那個很愛黏著哥哥的妹妹，呆住三秒後忍不住爆哭。

媽媽過去抱住妹妹，我轉頭問哥哥：「你為什麼推妹妹？」哥哥有點生氣的說：

「她要找我玩，我就跟她說不要了，她還一直說要玩，她又不是聽不懂，我只好把她推開。」

我理解的點點頭說：「彈彈媽媽知道這種感覺，這就跟彈彈爸爸叫我不要買這麼多文具，我還是想買是一樣的，很難停。就像媽媽跟你說，不可以投飲料，可是你還是沒辦法不投，你會一直求一直要，就算吃不到也沒有辦法媽媽一拒絕，你就停止，對吧？」

聽到我這樣說，小男孩陷入一陣安靜，他剛剛才為了要投販賣機的飲料跟媽媽央求了很久很久，他也沒辦法在別人拒絕的當下，馬上打消慾望。

過了一陣子，我看他沒有說話，便偷偷的在他耳邊說：「你一直吵著要投飲料的時候，媽媽也沒有推你吧？你這麼聰明，一定還有別的方法，只是還沒好好想過而已。」

那天晚上，我想著那個男孩的事，想起很多孩子其實耳手協調，還沒有很好，別人喊停的時候，很難馬上停下來，所以在孩子很小的時候，我最喜歡跟孩子玩一二三木頭人的遊戲，一喊「一二三木頭人」，訊息進入耳朵，耳朵傳達命令到大腦，大腦命令身體停止這個過程，就是最好的訓練。

在家裡，我跟兩個孩子常常一起躺在床上，玩哈癢遊戲，一玩就很嗨。但是，只要孩子一喊「停」、「不要」，我就會說：「弟弟說不要了，馬上停。」「喔！姊姊說不要了，請弟弟停下來。」我總是在孩子喊停的時候馬上停，慢慢的，我一喊停時，孩子也會停止。

這個過程，不是講一次就會，需要在每次跟孩子玩的時候，一次次的練習，慢慢訓練孩子的反應能力。

隔天一大早，我們兩家人在飯店的頂樓吃早餐，三歲的小妹妹坐在我旁邊喊著：「我想喝牛奶。」六歲的哥哥站了起來，往自助式的餐點區走過去，默默的拿了杯牛奶回來，遞給妹妹的時候說：「吸管是妳喜歡的漂亮顏色噢！」我心想：「這哥哥對妹妹真好！」

我心裡在想，這麼溫暖的哥哥，如果只因為昨天那個推的行為，就抹滅掉大家心目中對他的好印象，也太吃虧了；但是，只看到孩子的好，卻沒協助孩子該理解的狀況，讓事情一而再發生，對孩子來說，也不是一件好事。

可以想想看，還有什麼辦法

我便問坐在我對面的六歲哥哥說：「你知道你媽媽怎麼認識我的嗎？」

小男孩搖搖頭說：「我不知道。」

我繼續問著：「那你知道小丁媽媽、小平爸爸他們怎麼認識我的嗎？」這時候湊過頭來想聽答案的女兒，也跟小男孩一起搖搖頭。

我繼續說著：「那時候你快四歲了，很多事情講也講不聽，媽媽好生氣，可是她很愛你，捨不得打你，有時候罵完你，自己還會心疼得一直哭，所以她想盡辦法找到我，即使你家離我家很遠，還是每個禮拜帶你來找我們一起玩，你記得嗎？」

小男孩好像忽然想到什麼，對我點點頭，我繼續說著：「小平爸爸也是一樣，他知道打罵小孩、禁止小孩，會對小平的個性造成傷害，可是他跟小平在家相處，也快受不了了，好想打小孩，所以就帶他出來了，所以我們才會認識當好朋友。」

女兒在一旁說：「這個我知道。」

我笑笑的跟小男孩說：「你知道嗎？你的爸爸媽媽很棒，每次我跟他們說了你的狀況，下次你來的時候，這個狀況就消失了。也就是說，爸爸媽媽有去處理問題，我教他們看懂，他們也用他們的方法教你看懂，爸爸媽媽一直都在努力的學習、面對，然後去處理問題。彈彈媽媽想要告訴你的是，你覺得妹妹講不聽，都跟她說不要了還繼續，其實每個孩子都一樣，有很多的大人遇到這種問題都會忍不住要打小孩了，更何況你才六歲，也一定會忍不住，忍不住想要投飲料，忍不住想要出手推開妹妹，對嗎？」

男孩用力的點點頭，我又繼續說：「可是，你的爸爸媽媽沒這樣對你吧？所以我們也要跟你爸爸媽媽一樣，可以想想看還有什麼辦法，你可以等爸爸媽媽陪妹妹慢慢練習嗎？」

這時候男孩笑著跟我說好，我看著男孩的笑容，忽然理解了對這些小哥哥、小姊姊而言，當一個哥哥姊姊有多麼不簡單，當爸爸媽媽都受不了小孩，忍不住動怒，甚至出手打孩子的時候，我們又怎麼去要求一個小哥哥、小姊姊寬容弟弟妹妹？

如果我們都無法對這些小小孩做到理解與包容，我們又憑什麼去要求哥哥友愛弟妹，姊姊照顧弟妹？

如果我自己都沒有辦法克制我的購物慾，那我怎麼教孩子克制他們想買玩具的欲望？如果無法克制，我就教孩子「評估、比價、研究、分析」，當她看了某個玩具，喊著想要的時候，我會問：「這跟你的一元積木有什麼不一樣呢？價格合理嗎？」等女兒分析比較後，就懂得自己下決定。

「我們回家研究看看同一個玩具，在不同的地方賣，價格差多少，如果你覺得這個東西有必要，而且價錢合理，我們就買。」於是我們會上網比價分析，也會上網看其他消費者的評論。

如果兩歲多的弟弟搶了她的玩具，我會帶著她去思考，「該怎麼讓弟弟學會借東西？」「該怎麼讓弟弟知道這是別人的？」「妳覺得站在弟弟的立場，他懂妳在氣什麼嗎？」

慢慢的，我帶孩子去看懂更多的面向與角度，而不只是要她一味的忍耐與友愛。

當媽媽這幾年來，我常常很心疼孩子，也很心疼小時候的自己，我們常用一個比大人還要嚴苛的標準去要求孩子，而孩子只能傻傻的，用衝撞的方式學習與長大。

這麼多年來，我才理解，我還是學不會父母要求我的忍耐與克制欲望，也學不會怎麼當一個友愛弟妹的好姊姊。如果我現在都學不會，卻還要去要求我的孩子，就太殘忍了。

或許我不需要去克制，只要學會聰明購物；也不需要去友愛，只要理解弟妹的狀況，就已經很不簡單了。這一路看來，其實每個孩子真的都很不簡單。

人要長大，真的不簡單。

✱ 親人之間的衝突與心結，最重要的處理在於互相理解以及協助。我們當父母後，理解了父母的心思，才懂得放下心中對父母的心結，孩子們也一樣。大孩子理解小小孩的狀況，才懂得給予協助，小小孩理解了大孩子的介意，才懂得尊重。

✱ 父母可在生活中一點一滴的將這樣的互相理解與尊重建立在孩子心中，當父母與孩子的考量不同的時候，父母要用孩子懂得的方法，讓孩子理解父母的考量，否則孩子的屈服只是忍耐，日後可能會爆發。

教孩子看懂，自己的關卡

能解決孩子困難的，才是溝通；不能解決孩子困難的，是嘮叨與干涉。
能看到孩子困境，協助他想辦法走出來，才是跟孩子站在同一邊，
而不是站在孩子的前面幫他吼別人。

一走進校園，我就看到有個家長站著斥責一個小女孩，那個家長非常激動，邊拿著手機錄影邊質問著那個大概小五年紀的女孩說：「妳說，妳有沒有說我兒子是變態？有沒有？有沒有？」

媽媽的怒氣太強，那個小女孩的眼神中充滿莫名的恐懼。或許是因為聲音太大，也或許有人去通報老師，女孩的導師馬上衝了過來，跟那位家長說：「媽媽，妳嚇

到孩子了！」

媽媽非常生氣，想要拉開老師說：「我正在問她，有沒有說過我家的阿正是變態？」老師擋在小女孩的面前說：「媽媽，如果妳沒有親耳聽見她說阿正是變態，妳就不可以這樣質問小孩。」媽媽很生氣的說：「明明很多人都聽到了，同學都說她有說我兒子是變態。」

聽到媽媽講孩子的名字，我腦中也浮起了對那個小五孩子的印象，一個白白淨淨、非常漂亮的男孩。只是，他常常看到比他還小的孩子，就會用雙手捧住對方的臉，然後眼神迷濛的撫摸別人的臉，甚至會抱住對方，把臉埋進對方的脖子磨蹭。有些孩子會被嚇到，有些孩子根本不知道怎麼拒絕，就這樣讓他摸。

這樣的行為，在小學高年級的孩子眼中，非常的怪異與嚇人，很多孩子看到他就跑。很多時候他會帶著低年級的孩子蹺課；有時候會拿著毛毛蟲，丟到低年級孩子的身上，看著對方恐懼狂跳的表情，哈哈大笑；有時候就抱著喜歡的孩子，用手在對方身上摸著。

私底下應該有很多孩子爭相走告，要小心這個男孩。小孩子間的形容詞就那幾個，我不只聽過一個以上的孩子或大人說，這個男孩的行為很怪，甚至有些被摸的孩子家長，生氣起來直接用變態來形容他。我猜測這個女孩也應該評論過，只是這個漂亮的女孩正被同學排擠，所以才有意無意把話傳給對方的媽媽。

我知道這個男孩的身心發展，出了很大的狀況，必須要特殊的輔導系統介入，只是無論輔導系統如何跟媽媽談，媽媽就是不願意讓孩子接受協助，矛頭全部指向同學欺負她的孩子。哪個孩子說了她兒子哪句壞話，哪個老師說了哪句話很傷人，甚至要老師規定班上同學不能排斥，一定要跟她兒子玩，只要孩子們稍微離開她的孩子，或拒絕跟他玩，就會被那媽媽扣上排擠跟歧視的大帽子。

這幾年，看了很多的父母，有些父母明明孩子狀況很好，卻想盡辦法幫孩子拿張特殊生的證明來享有資源，甚至告訴老師「我的孩子生病了，所以大家要包容」。有些則是堅決不承認自己的孩子有狀況，當自己的孩子被質疑、被遠離、被冷漠對待的時候，父母總是站在孩子的這一邊，想幫孩子討公道。

是幫孩子？還是害孩子？

有個孩子跟班上的同學玩時，只要玩得不開心，就放聲大哭大叫，沒有幾個孩子喜歡跟他玩，因為大家都不知道該怎麼跟他玩，他才不會忽然爆炸。

有個孩子，同學只要一看到他走近，就會一哄而散，因為他總會在玩的時候，開始挑對方毛病，然後去跟老師打小報告。那個孩子的眼睛裡看不到別人的優點，他以為挑出別人的缺點，就可以證明自己不差。只是這樣的行為，讓孩子們不敢跟他相處。

而他的母親竟也是一直挑剔著別人的孩子怎麼對他兒子，「那個女生對我兒子講話很兇。」「他竟然對我兒子說那句話。」「為什麼全班都沒人跟我兒子玩？」

這些媽媽反映到老師那邊，甚至幫著孩子去找別的孩子出氣，有些老師不明就裡，規定下課同學必須跟他玩，弄得其他的孩子戰戰兢兢。

我常常在想，所謂站在孩子這一邊，到底是怎麼一回事？到底怎樣才能讓孩子真的知道，爸爸媽媽是挺我的？

在我的成長過程中，也曾遇過一有狀況就請出爸爸媽媽來學校罵人的同學。我們總會離那些孩子越遠越好，因為不知道自己面對的，是同學還是他的父母。

有時候，孩子們會戲謔著：「不要跟她玩，不然等一下她爸爸會來學校告老師喔！」一直到長大之後，透過網路聯繫上老同學，其中一個人才告訴我，其實她很氣她爸爸媽媽老是來學校幫她討公道，害她的處境更為困難。

我在想，父母看到孩子在人際關係中遇到困難的時候，到底該怎麼做，才能讓孩子真的懂爸爸媽媽真的很挺他，真的很愛她？

孩子被霸凌時，我這樣做

女兒四、五歲時，經歷了將近一年的霸凌。一開始我協助雙方把話說清楚，也希望對方可以不要用那樣的方式，處理自己心中的嫉妒。可是，慢慢的我發現我想協助對方的用心，卻讓自己的女兒一直陷在被害者的角色中，反覆被霸凌。

好幾次眼睜睜看著女兒被排擠，我也很想走過去，兇那個女孩，不准欺負我女兒。只是我知道，我幫孩子處理了這一次，難道下一次我還可以幫她處理？

如果這件事情是由我出面，強迫對方不要這樣對我的孩子，我的孩子以後遇到同樣的狀況，自己會有辦法處理嗎？

那一陣子的我，處於無盡的心疼與懊悔之中，即使我的心情壞到了極點，我還是不斷找資料，我想要看懂孩子卡在哪裡。

被別人霸凌的孩子，心情會卡在幾個地方過不去，首先，他們相信霸凌者掌握了他的快樂與哀傷，再者他們相信對方有能力與威權，可以讓身邊所有朋友都聽他的話，不理自己。於是，孩子相信如果不巴結對方，就不會有朋友，另外孩子會認為自己只能屈服才會有朋友，孩子會在這一個又一個的關卡中，把自己逼入絕境。

慢慢的，我看到了這幾個點，我就跟孩子一起想辦法，用各種方法去突破孩子一直卡住的這個點。

為了打破孩子以為自己沒辦法選朋友的關卡，我跟孩子舉辦了一場「夜市老闆」的遊戲，讓她決定滿坑滿谷的玩具與零食，要請哪些朋友一起玩，讓她理解，原來自己可以選朋友。我跟孩子玩得很開心，吸引了一堆孩子過來玩，終於孩子告訴我：「媽媽，原來妳說得對，我開心了，就會有很多朋友想跟我一起玩。」

為了打破孩子以為，「失去了這一群朋友，就沒有別的朋友」的誤解，我陪著女兒一個公園走過一個公園，每遇到一個年紀比較接近的孩子，我就上前跟他們說：「你好，我是彈彈媽媽，請問我可以跟你一起玩嗎？」我跟新朋友們玩得非常開心，慢慢的不需要我出馬，女兒就會學著我，自己認識新朋友，然後告訴我：「媽媽，我不管走到哪裡，都可以交到新朋友，我有能力交朋友！」

為了打破孩子以為「霸凌者能力很強，可以掌握所有朋友」的迷思，我陪著她針對不同孩子的喜好，邀約不同的遊戲。孩子發現，原來只要了解對方的喜好，他們就願意一起玩；霸凌者並不能控制她的朋友，而是她們喜歡的東西很像。所以當霸凌者再吆喝別人不理她的時候，她便懂得怎麼讓其他朋友回來繼續跟她玩，甚至自己玩也很開心。

為了打破孩子以為「自己做錯事，對方才這麼對我」，而陷入反覆的自責中，我讓她看懂對方原來是嫉妒，嫉妒我的孩子擁有許多她沒有的東西。我寫了幾個霸凌的童話故事，讓孩子知道沒有人需要為了別人嫉妒自己的美貌，而割花自己的臉。

慢慢的，孩子發現原來她可以自己處理身邊的狀況，她可以不受對方的影響，想開心就開心。慢慢的她從以前覺得霸凌者很強，到發現原來對方很弱，弱到不敢把自己的不舒服，明白的講出來，才需要用這樣的方式，去欺壓別人。

當那個內心以為很強大的壓迫不在了，孩子的關卡也一個個突破，我慢慢找回那個很開心的孩子。而在這整個事件中，孩子沒有依賴父母，完全是靠自己突破內心的關卡。

當孩子過完所有關卡，我帶著孩子離開那群人，讓孩子知道，她有權利離開一個環境，開拓另一個新的環境，而不是逃離。

我沒有去逼著別人一定要跟她玩，我也沒有帶她逃離，即使我已經快要受不了，其他人表面和藹卻見死不救的態度，我也堅持要等孩子突破關卡，才能離開。

事情過了幾年，我每次跟女兒談到這件事情的時候，孩子總會給我不同的驚喜，她會告訴我她理解了，不是對妳溫柔的人就是好人，有些人對你溫柔，卻在你需要幫忙時，將手放在身後。

她也會告訴我，以後遇到同樣的狀況，她知道怎麼處理與面對；她也會告訴我，除了朋友之外，在閱讀與挑戰音樂創作的時候，她也可以得到快樂；她也會告訴我，阿卉是她最好的朋友，因為在她被欺負的時候，只有阿卉跟小珊願意陪她玩，她懂了那個最愛跟她吵架的朋友，會在她被欺負的時候護著她。

最近，她告訴我，她知道不管遇到什麼事情，媽媽永遠站在她這邊，因為那段時間是媽媽陪她度過的。

跟孩子站在同一邊

我才真正了解，跟孩子站在同一邊是什麼意思，不是孩子被欺負的時候，站起來警告對方；也不是孩子被排擠的時候，去強迫那些孩子，一定要跟我的孩子玩，更不是我去把別人罵得一文不值。

而是，站在孩子的困難點去幫孩子破關。孩子會亂撫摸人，就用各種遊戲讓孩子知道什麼叫做親疏遠近，該如何尊重別人的身體；孩子會到處亂告狀批評人，媽媽可以找別人的優點，在孩子面前示範怎麼看到別人的優點；孩子遇到事情會爆哭，那就協助孩子想辦法處理事情，讓孩子知道下次遇到狀況，他有比哭更好的選擇。

孩子明明答應加入便當互助小組，就要一起分擔扛便當去蒸的工作，而不是只會要別人幫他做，卻從來沒幫過別人；孩子不懂互相，就用孩子懂的方式，讓他了解什麼叫做互相。

孩子或許不是存心讓別人不舒服，但是，當孩子不懂自己的行為，已經成為別人遠離的原因時，他走到哪裡都會覺得「我這個人被否定」，而不知道其實只要改變這個行為，人際關係就會改善許多。別人針對的是孩子的行為，孩子卻會把那當成對自己全部的否定。

慢慢的，我懂了，對孩子來說，**能解決孩子困難的，才是溝通；不能解決孩子困難的，是嘮叨與干涉**。能看到孩子困境，站在他後面、協助他想辦法處理，走出來，才是跟孩子站在同一邊；而不是站在孩子的前面，幫孩子吼別人。那樣對孩子來說，孩子感受到的不是依靠，而是父母強大的背影。

當媽媽這麼多年了，陪孩子熬過一關又一關，我才真的懂了什麼是真正的「跟孩子站在同一邊」。

爸媽可以這樣做

* 文中提到如何處理孩子被霸凌的狀況，反過來看，會霸凌別人的孩子也需要被協助，他卡住的地方在於，沒有適當的理智與能力，處理自己心中的不舒服，而身邊的大人也沒有協助孩子，甚至讓孩子覺得處置不公平，所以，孩子只好透過霸凌的方式，對付讓他不開心的朋友或兄弟姐妹。

* 相較於被霸凌的孩子，父母以為會霸凌人的孩子，似乎很有能力號召別人，但是事實上他卻是最不懂直接面對面處理糾紛與情緒的人，這樣的孩子以後進入職場不太有能力就事論事，也比較難在婚姻中面對問題，理性溝通。

教孩子看懂，別人的關卡

慢慢的她忽然懂了，母親每次看著時鐘、撥著電話號碼的時候，是怎樣的恐慌與痛苦，她懂了母親不是控制狂，她不是想控制孩子，而是每一個當下都在跟自己內心的恐懼對抗。

我會成為一個別人口中的親子作家，其實是一個意外，原本只是想記錄育兒過程的心情，卻在網路崛起的年代被推到風頭浪尖。一開始的文章，我對父母的批判太強，常常批評父母為什麼要這樣傷害孩子，慢慢的隨著我看過越來越多的親子，才理解每個人的出發點都不太一樣。

然而對我影響最深的一件事情，莫過於一位陌生網友的來訊。或許是網路匿名的關係，也或許是對不認識的人說出真心話，反而比較心安，她在私人訊息中訴說她的狀況。

寫訊息的當下，她逃家在網咖亂晃，看到我的文章後，想盡辦法找到與我的對話方式。她對我控訴母親的緊迫盯人，罵母親變態，每個小行蹤母親都要管，只要晚一點點回家，就會接到母親的「奪命連環call」；如果她沒接電話，身邊所有朋友都會陸續接到母親的電話。這樣的行為讓女孩很痛苦，終於受不了離家出走。

她受不了母親的緊迫盯人，也受不了父親的懦弱不語；她氣母親只針對她跟妹妹，卻不管哥哥；她氣母親對她們姊妹的變態行為，覺得母親是一個控制狂，把孩子當成自己的私有物。

那時候，我只問她：「妳知道媽媽行為的背後原因嗎？我想媽媽並非一出生就是控制狂。如果她是，對妳爸爸、哥哥也會是控制狂。我建議妳不妨去找找背後原因。」

我寫完這些，女孩就失去聯繫了，好久好久之後，我又收到女孩的訊息。她回家了，而且每天、每個小時都主動向母親報備行蹤。她幫自己跟母親辦了手機與行動網路，以便隨時互相視訊，因為她懂了母親控制狂的背後原因。

母親年輕時，曾經在加班後的夜晚，遇到歹徒的攻擊與試圖侵犯，那一夜的恐怖記憶深刻的印在腦海中，從來沒有消失。當她成為兩個女孩的母親後，那段記憶在每個夜晚女兒還沒回家的時刻，總會一次又一次的在腦海上演。對母親而言，那是最殘忍的畫面，但她天天都得面對。

當女兒理解了母親曾經經歷過的事，她忽然懂了，如果母親今天沒有生下任何的孩子，她不會是個孩子口中的變態狂；如果母親生下的都是兒子，她也不需要受這種折磨；如果母親不那麼愛她，也不需要那麼痛苦。

慢慢的她懂了，母親每次看著時鐘、撥著電話號碼的時候，是怎樣的恐慌與痛苦，她懂了母親不是控制狂，她不是想控制孩子，而是每一個當下都在跟自己內心的恐懼對抗。

如果不當母親，就不需要去面對這種對抗；如果我的孩子不是我的孩子，那孩子的成績就不會激起我的焦慮，也無須在意；如果我的孩子不是我的孩子，那麼孩子的壞脾氣也不會激起我的擔憂；如果我的孩子不是我的孩子，那麼孩子冷不冷熱不熱，根本不關我的事。

如果我的孩子還是我的孩子，我不管孩子的成績，便是不負責任的媽媽，有介入則是干涉孩子的成長；如果我的孩子還是我的孩子，我不管孩子的壞脾氣，就是放任，管了就是威權。

這年頭，當父母不容易！對錯都在別人的標準之中。

父母也是還沒長大的孩子

看過越多的親子，我越發現，親子關係中有很多狀況，難以評論對錯。那個一直叨念孩子不好的媽媽，其實從小活在被拋下的陰影，她很害怕自己被拋棄，總是一遍又一遍，藉由叨念告訴孩子：「你們很差勁，沒有我不行。」

那個很積極為孩子安排許多課程的媽媽，其實只是希望如果人生能重來，一定要完成自己想學這個、學那個的願望；那個什麼書都看過，什麼老師都跟過，什麼親子課程都上過的媽媽，其實只是想告訴別人，「我已經這麼努力了，孩子還是這樣我也沒辦法。」那個孩子一哭就暴怒的爸爸，其實一生中從沒有被允許哭泣過。

當我看的越多，就會了解父母也是一個沒有長大的孩子，一直活在自己的痛楚中。當生命中有了另一個他必須保護、相處的生命時，恐懼與傷痛就會以不同的形態展現。

孩子的出生，讓我們不得不重新面對自己生命中的傷痕，只是，那傷痕有時候會害人「錯待」孩子。

我看著這樣的父母錯待孩子，從一開始很氣，到後來試圖想協助，再到最後眼不看為淨，其實這中間的心路歷程，我很煎熬。我無法看著孩子被錯誤的對待，卻也不忍心苛責父母。我只好遠離這樣的親子，卻常常被認為我見死不救，也常常有父母認為我放棄了他們。事實上這些事情沒有對錯，每個人都以自己的方式過著自己的人生。

我以前常幫人出頭爭取正義，在越看越多之後，才知道很多事情不能只看其中一面，不打不罵的不一定等於好父母，那些滿口叨念的，也不一定是壞父母。

事情沒有絕對的對錯，親子關係著重的不是這時候該怎麼做，而是即使有誤會，也要給彼此互相陳述的機會。女孩終於去問清楚母親那麼做背後的原因，當她理解了，便是放下的時候。

非要以二分法去評斷對錯的人生，其實很痛苦。

用多元角度看事情

有一次，一群親子一起出遊，五歲的草莓正要從長長的溜滑梯溜下來，那時候隔壁滑道的安柏卻忽然探過頭來看草莓，草莓看到時，已經無法停止了，直接從安柏的頭撞過去。

衝擊的力量太大，兩個孩子都暴哭。安撫完他們之後，媽媽協助孩子重新看懂這整件事情，草莓聽完媽媽講解之後，說：「沒關係！出來玩難免的。」就轉頭繼續去玩了，安柏媽媽想了一下，問：「孩子要怎麼教才能像這樣？」

從小女兒跟別人有衝突，我總是不厭其煩的讓雙方有互相陳述的機會，我也會很明白的跟女兒說明我的想法與觀感，我不在孩子的爭執中當判官，去判定不是你

錯、就是他錯，我想協助孩子用更多元的角度去看問題點。

孩子看多了狀況，也理解各式各樣的看法與角度，心也就開闊了。

當孩子越看越多的時候，就能看懂很多事情沒有絕對的對錯，每個人站在自己立場所說的話，也不一定有對錯，我讓孩子看懂每個行為後面的動機，他們就不會斤斤計較別人對我做了哪些行為。

八歲的女兒從學校拿回同學送她的耶誕卡，她一展示完就放在客廳的桌上去寫作業。之後好幾天兩歲十個月的兒子，每天拿著姊姊的卡片走來走去，他總是拿著那張卡片跟我說：「這是我的 Christmas，這是我的 Christmas 噢～」

終於有一天兩姊弟搶著那張耶誕卡，姊姊堅持那是她的，弟弟也堅持著：「這是我的 Christmas。」兩個人拉扯間卡片破了，女兒大哭，兒子也大哭。

安撫好雙方之後，我教兒子那個東西是姊姊的，屬於姊姊的物權，要借用、弄破了要負責。我請兒子跟女兒道歉，女兒聽到弟弟道歉，也就放下了。

傍晚，我趁女兒寫作業的時候，帶兒子去書局買一張屬於自己的耶誕卡，回到家女兒已經幫弟弟做了一張耶誕卡。我問女兒：「這件事情表面看起來是弟弟的錯，可是如果妳有收好妳的卡片，弟弟會拿嗎？」

女兒搖搖頭說不會，我繼續問：「媽媽每天都要等姊姊下課，所以弟弟很難出去有自己的朋友，沒有朋友給他耶誕卡，這件事情弟弟有錯嗎？」

女兒繼續搖搖頭說沒有，我又問：「如果想從弟弟手上拿回卡片，除了跟他用搶的這個方法之外，妳還有沒有其他的方法？」

女兒想想說：「等弟弟放下卡片去玩別的東西的時候，就可以拿回來了。」

我笑笑的說：「今天這件事情如果重新來過，妳可以不可以有更好的方式，更改過程與結局？」

女兒想了想說：「我可以保管好我的卡片，弟弟就不會拿；我可以在我有卡片的時候，也給弟弟一張卡片，弟弟就不會拿我的卡片假裝是他的；我可以等他玩車的時候，收好卡片。我其實有能力避免這件事情發生，或發生了也不要有這樣的結果，先給弟弟玩就好，等他不玩了，我就可以拿回來了。」

我笑笑的說：「那現在的弟弟有妳這樣的能力，可以改變事情發展的方向嗎？」

女兒看著才兩歲十個月的弟弟，搖搖頭。

我又說：「那是妳的卡片，弟弟撿起來當自己的，卻因為跟妳搶而破了，這整件事看起來，錯的全是弟弟，他沒有搞清楚東西是誰的，還跟你搶，重點是朋友送妳的卡片破了，所以媽媽請弟弟跟妳說對不起，對吧？」

女兒想一想說：「看起來好像都是弟弟的錯，可是事實上沒什麼對錯，因為我有改變事情的能力，而弟弟沒有，這件事情沒有對錯。」

我告訴孩子：「媽媽可以說這件事情都是弟弟的錯，媽媽也可以說誰叫妳不把東西收好，都是妳的錯。要說誰對誰錯很容易，但是這世界上有很多事情看起來是錯的，可是背後有他的無能為力，就跟弟弟一樣；有時候是對的，可是他卻也有錯的地方，多看幾個方向好嗎？」

女兒點點頭，陷入一陣的深思，而我繼續去煮晚餐。

我一直在孩子與人的相處的過程中，反覆的讓孩子去看懂，每件事情不是只有那麼單純的對與錯，一直執著在對與錯之中，太辛苦了；而打破「不是對，就是錯」，也不是要在孩子據理力爭的時候去潑她冷水，更不是助長，而是希望能帶領孩子看更多的面向。

孩子回家批評某個孩子的時候，我會問：「妳覺得他為什麼會這樣呢？站在他的立場你會說他錯嗎？如果是你，有沒有改變這件事情的能力呢？」

「妳覺得媽媽不約他出去了，是討厭他，希望他越來越壞？還是媽媽希望她越來越好？希望他好好的跟自己的媽媽相處，妳覺得媽媽有做錯嗎？她的媽媽有錯嗎？」

我一直幫女兒轉換許許多多的角度來看事情，不讓孩子習慣性卡在一個對錯二元觀中。一件事情的對錯，可以因為不同人的不同狀況，有不同的解讀，孩子習慣性的去看「不同人」、「不同狀況」、「不同角度」、「不同解讀」，交叉探索有哪些不同的答案時，對錯的界線就會越來越淡，比較不會去執著對與錯、是與非。

隨著孩子越來越大，我才慢慢的懂得，那些二分法的答案，不是學校考卷上的標準答案，而是在生活中，每件每件的小事，所累積起來的思考習慣。

慢慢的，我在陪著孩子的過程中，也去看很多的事情，沒什麼對錯，我們都用我們的方式過著自己的人生。

用自己認為最愛孩子的方式，在愛著。

＊ 孩子們吵架的時候，可以引導孩子說出自己憤怒的原因，讓雙方各自陳述立場，孩子才能看到衝突的本質。可以的話，父母可先點出癥結點，例如：「所以這件事情最大的問題在於以後東西是先講的人先贏？還是先拿的先贏？請你們先協商好。」讓孩子在面對衝突的時候，習慣去看懂爭執，找出癥結點，並且協商或討論出一個大家都可以接受的方法，這對衝突協商能力的養成，很有幫助。

後記

看懂孩子，也看懂自己

將近三年前，遠見天下的希如找我出版一本「看懂孩子卡住的點」的書，我心想：「這有什麼好寫的？不是每個父母都看得懂嗎？」我一直覺得，寫作只是分享我的看法、幫孩子做記錄；看懂孩子，應該每個父母都會，只是做不做而已；我也覺得，很多事情，只要幾句話就能讓孩子理解，寫出來大概會像流水帳般無趣，因此，那時就先擱置了出書的提議。

三年後，我經歷了女兒自學、進入公立小學，也成為兩個孩子的媽媽，開始面對孩子的學習障礙。慢慢的，我終於懂了要突破那些關卡，對孩子來說並不簡單。

我也發現，女兒當上姊姊後產生的誤解、面對學習時的所有困難，完完全全是我從小到大的翻版，也是我一直面臨的問題。在這三年來的陪伴中，我終於看懂了，自己那一路走來的跌跌撞撞，也終於看懂了母親的難。

在決定寫這本書之前，我有幾次機會接觸一些國高中的孩子，我問他們，為什麼大家都

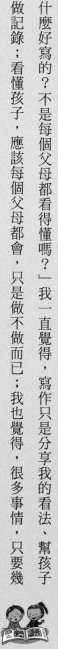

會去問別人：「這個遊戲，你怎麼破關的？有什麼方法？」卻從來沒有人會去問別人：「你是怎麼讀書的？用什麼方法？怎麼這麼厲害？」我們羨慕別人的成功，卻從來沒有去問過：「你怎麼想的？怎麼操作的？」「你是怎麼學的？」但是要說成績好的人，都有方法卻藏私不說嗎？其實也不盡然，因為成績好的人，有時候會誤以為「大家都是跟我一樣這樣讀的，只是他們不用功。」

跟孩子聊到這個問題的時候，我忽然想起來，我似乎也是如此。我一直以為，大家也跟我一樣，用同樣的方式在生活、在教養，也因為這樣，我對很多父母的要求，就好像太嚴苛了，我忘記了有些大人也可能跟我一樣，從來不知道自己卡在什麼地方，一路跌跌撞撞的長大。

這幾年，我跟女兒的關係，很自在、開心、甜蜜，我陪著孩子學習，去看懂每個學科，看懂孩子的問題，可以怎麼跟學科的精神接軌；我不停思索著，要用怎樣的態度與角度切入，孩子才會紮實的學習與研究；我去研究孩子在學習中卡住的點，我懂了孩子在學習動機上遇到的困難。很多父母問我怎麼提高孩子的學習動機，我卻發現他們的孩子連跟父母對談都很難，不能對談，當然就無法協助。

隨著孩子一天天的長大，我們一起面對她在學習上的問題。想要解決親子之間的很多狀況，必須動用到孩子從小跟父母一起攢下的親情存摺。我的孩子越來越大，我知道我與孩子的互動，越來越無法三言兩語寫在網路上，因為我們的互動，跟我帶孩子去看的東西，一開始就跟大家不同，後來呈現的親子關係樣貌，也很難讓一般父母想像。

這一年來，除了自己的孩子以外，我遇到來求救的父母不再是問：「孩子不吃飯怎麼辦？」「孩子去幼稚園會哭，怎麼辦？」而是「孩子已經四十幾公斤，長大了，還是會打媽媽，怎麼辦？」「孩子大了，跟我不只是頂嘴而已，會拿杯盤砸我。」「我一勸他寫幾個習題，他吼我讓他成為考試機器。」「我禁止他吃過敏食物，他卻去商場偷。」「我叫他念個書，他嗆我『你不是說成績不重要？』」「我兒子弄傷了別人，對方父母堅持要提告。」「我的孩子不讀書，怎麼辦？」

每次遇到這些問題，我都很感嘆，孩子年幼時沒有處理好的狀況，隨著孩子一天天長大，父母要面對的問題就越來越大。

情緒的問題沒有處理，就會干擾學習的意願；看人的角度沒有建立，就會成為人際關係的障礙，也影響學習；父母跟孩子的對話方式沒有建立，就無法提供協助。情緒問題、人

際關係問題，影響學業，而學業的困難影響的，除了孩子的自信之外，也影響著孩子成為青少年之後的人際關係與朋友群，而人際關係與朋友群影響的是婚姻與人生。

於是，這一次我拋下了堅持，也反省了自己的偏見，回頭再寫教養。我在讀友的社團中詢問大家，最困擾的親子問題有哪些？我開始針對大家的問題與困擾回想，我怎麼處理孩子的同樣狀況，寫出這本書。

每個父母會遇到的問題都差不多，坊間也有不少解決教養困擾的書，我只是將我的方法與觀點寫出來，提供各位父母參考，也希望可以解決你們心中的疑惑。

在我的教養中，我不引導孩子一定要活在別人的善意之下，我不再抱怨別人對我的孩子不善意，而是帶孩子去看懂每個行為、每件事情背後的動機，看懂別人的心意，看懂事情的全貌；我也帶孩子去看懂別人的配合，看懂什麼叫做觀感。這些練習在我家就好像牙牙學語的孩子學說話一樣，持續的交叉進行著。

「你覺得老師為什麼出這樣的作業，背後目的是什麼？你覺得老師用的方法，真的可以達到他的目的嗎？」

「你覺得老師為何要這樣規定？這樣你覺得有配合的必要嗎？」

「你討厭這個同學，是討厭他亂告狀的這個行為？還是討厭他這個人的一切？」

「你討厭他這個行為，而不是討厭他這個人，所以，你覺得只要他改變這個行為就好了嗎？」

「真可惜，沒人願意跟他說，這樣的行為造成別人的難過，所以大家才不跟他玩，其實改一下這個行為就好了。這樣想想，媽媽要謝謝你，我哪些行為造成你的痛苦，你都願意用我能接受的態度跟語氣來告訴我，不讓我一直犯錯。」

「你覺得用這樣的語氣，可以達到你要的目的嗎？還是反而傷了你自己在別人心目中的觀感？」

我試圖在這本書中寫出，看懂孩子卡在哪兒的大量角度與觀念，也記錄下很多對話與案例。此外，我也著墨於父母卡住的點，因為我發現，有些親子問題卡住的不是孩子，而是大人。

在這本書中，我不是教父母怎麼對待孩子，而是要告訴讀者，我用什麼角度去看懂孩子；我不是教父母怎麼教孩子，而是要告訴讀者，我怎麼引導孩子，用不同的角度去看同一件事情；用更深層的角度去看行為背後，而不只是表面；用更寬廣的態度去看不同的事

物與人。我想送給孩子的是，他們未來看事情時，在內心自然便能發揮的思考廣度、深度與包容度。

真心的希望這本書的出版，可以幫助更多的父母與孩子，在親子關係的這一關中，可以享受互動的甜蜜、一起成長的愉悅，多一點相互的理解，少一點衝突、少一點因誤解而必須付出代價。

謝謝生命中相遇過的每一個人、謝謝每個善意與惡意批評，讓我成長，也謝謝努力催生這本書的讀者與編輯。教養很個人，接觸越多，就越知道教養不是單一的問題、沒有絕對的方法，不同的孩子與不同的父母，交叉出來的是不同的問題與關卡，而教養最終其實回歸的是做人態度與做人處事的基本。越看懂父母，越心疼也越不想戳出他們的問題點，謝謝你們在我想縮手的時候，努力的推了我一把，謝謝每個孩子。

國家圖書館出版品預行編目(CIP)資料

孩子只是卡住了：突破教養關卡，就要看懂孩子、協助破關 / 王麗芳著. -- 第一版. -- 臺北市：遠見天下文化, 2016.04
面；　公分. -- (教育教養；27)
ISBN 978-986-320-987-4(平裝)

1.親職教育 2.子女教育

528.2　　　　105005461

教育教養 027

孩子只是卡住了

突破教養關卡，就要看懂孩子、協助破關

作　者 — 王麗芳
事業群發行人／CEO／總編輯 — 王力行
副總編輯 — 周思芸
生活館副總監 — 丁希如
責任編輯 — 李依蒔
封面暨內頁美術設計 — 江儀玲
封面攝影 — 蔡瓊儀
插圖來源 — iStock　Bubert

出版者 — 遠見天下文化出版股份有限公司
創辦人 — 高希均、王力行
遠見・天下文化事業群 董事長 — 高希均
事業群發行人／CEO — 王力行
版權部協理 — 張紫蘭
法律顧問 — 理律法律事務所陳長文律師
著作權顧問 — 魏啟翔律師
社址 — 台北市 104 松江路 93 巷 1 號 2 樓
讀者服務專線 — (02)2662-0012
傳真 — (02)2662-0007；2662-0009
電子信箱 — cwpc@cwgv.com.tw
直接郵撥帳號 — 1326703-6 號 遠見天下文化出版股份有限公司

電腦排版 — 立全電腦印前排版有限公司
製版廠 — 立全電腦印前排版有限公司
印刷廠 — 柏皓彩色印刷有限公司
裝訂廠 — 政春裝訂實業有限公司
登記證 — 局版台業字第 2517 號
總經銷 — 大和書報圖書股份有限公司　電話 — (02)8990-2588
出版日期 — 2016 年 4 月 25 日第一版
　　　　　2016 年 6 月 30 日第一版第 5 次印行
定價 — 350 元

ISBN — 978-986-320-987-4
書號 — BEP027
天下文化書坊 — bookzone.cwgv.com.tw